U0585563

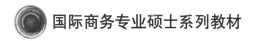

国际商务专业硕士系列教材

国际商务谈判
理论与案例

International Business Negotiation
Theory and Cases

程相宾◎编著

中国金融出版社

责任编辑：张翠华
责任校对：李俊英
责任印制：丁淮宾

图书在版编目(CIP)数据

国际商务谈判理论与案例 / 程相宾编著. — 北京： 中国金融出版社，
2019.9

ISBN 978-7-5220-0231-6

Ⅰ.①国… Ⅱ.①程… Ⅲ.①国际商务 — 商务谈判 — 研究生 — 教材
Ⅳ.① F740.41

中国版本图书馆CIP数据核字 (2019) 第168093号

国际商务谈判理论与案例
Guoji Shangwu Tanpan Lilun yu Anli

出版
发行 **中国金融出版社**

社址　北京市丰台区益泽路2号
市场开发部　(010) 63266347，63805472，63439533 (传真)
网 上 书 店　http://www.chinafph.com
　　　　　　(010) 63286832，63365686 (传真)
读者服务部　(010) 66070833，62568380
邮编　100071
经销　新华书店
印刷　保利达印务有限公司
尺寸　169毫米×239毫米
印张　16.5
字数　220千
版次　2019年9月第1版
印次　2019年9月第1次印刷
定价　39.00元
ISBN 978-7-5220-0231-6
如出现印装错误本社负责调换　联系电话 (010) 63263947

丛书序言

　　即便逆全球化掀起阵阵波澜，也不能阻挡和改变世界经济大潮向全球化不断进发的态势。这是不以哪一个国家或地区的意志或一厢情愿为转移的。因而，如何顺应时代潮流，在彼此相互依赖的世界中构建人类命运共同体，共同应对纷繁复杂的国际政治、经济等方面林林总总的问题，应该成为世界各国的明智选择。在这一过程中，拥抱的是繁荣的愿景，摒弃的是无益的对抗。然而，如何推动并创造良好的国际商务发展环境，造就更多能够为全球经济繁荣贡献智慧和力量的大批国际商务人才，已经成为摆在包括中国在内的致力于推动全球化发展和本国社会经济繁荣的世界各国面前的重要任务。

　　那么，近年来国际商务环境以及社会对国际商务人才的需求究竟发生了怎样的变化呢？毫无疑问，经济全球化的深入发展，国际政治经济新秩序的构建，国际协定和相关政策的变革，科技浪潮的风起云涌，新业态、新模式的推陈出新，国际贸易投资规模的增长以及结构的变化，跨国公司的创新发展等，使当下国际商务处于前所未有的机遇、挑战和变革相互交织的特殊时期。这一时期，更需要世界各国加大对改善和优化国际商务环境努力的呵护，同时创新培养模式，推动国际商务人才更好地适应变革中的国际商务环境和时代要求。

　　在发展和创新中的中国，事实确实如此。培养大批高素质国际商务专业硕士人才已经成为众多高校人才培养的生动实践。它们走在人才培养理念和模式创新的道路上，进行了丰富而富有成效的工作，由此推动国内国际商务专业硕士人才培养规模不断扩大，学位点授予单位数量持续增加，培养质量不断提升，培养特色日益彰显，为国家社会经济的发展、国际商务工作的推进作出了应有的贡献。

　　作为国际商务专业硕士人才培养大军中的一员，北京第二外国语学院国际商务专业硕士学位授权点自批复之日起，就紧紧依托学校办学特色资源和优势，在保证培养质量，走差异化、特色化发展道路上不懈努力，取得了一定成绩。为了更好地提升办学水平，夯实培养基础，推动国际商务专业硕士培养相关课程的建设，依据培养方案，特别策划了本丛书，为国际商务专业硕士培养的案例教学开展创造更好的条件。

　　本丛书第一批涉及三门课程，是相关任课教师辛劳付出的结晶。同时也特别感谢中国金融出版社编辑的精心策划和帮助，使本丛书得以及时与各位读者见面。本丛书不当之处在所难免，希望各位读者能够不吝批评，以便日臻完善。

前 言

　　经济全球化不仅推动教育领域国际交流和合作的深入开展，同时也为培养具有国际视野的高端复合型人才创造了更多的条件，培养大批高素质交叉学科人才已经成为众多高校人才培养的实践模式。北京第二外国语学院重视交叉学科人才培养，紧紧依托学校办学特色资源和优势，在保证培养质量，走差异化、特色化发展道路上不懈努力。北京第二外国语学院依据最新的人才培养方案，大力创新交叉学科建设和人才交叉培养，对提高国际商务谈判课程的质量和水平提出了更高的要求，也是为了更好地服务我国社会经济建设。

　　中国加入世界贸易组织之后，我国企业参与国际经济合作的机会越来越多，国际商务谈判也变得越发重要。正值改革开放40年之际，中国正在以前所未有的胸襟，全方位、深层次地实践对外开放战略。在这种形势下，我们需要对商务谈判的教学和科研方面进行进一步的创新，把国际商务谈判的人才培养和相关研究推向一个新的高潮。

　　本书共10章，分别介绍了商务谈判的概况、准备过程和注意事项、动机和原则、心理和策略、风险和道德、常用礼仪以及主要国家商务谈判的风格。在编写过程中，尽量避免枯燥的谈判理论，重点介绍谈判中的一些务实策略和技巧。同时，本书内容尽量取材真实，并且反映最新的现实情况，从而拓宽学生的视野。在每节知识点讲解之后，搭配相关的案例加以解释说明，尽量做到紧扣商务谈判的真实情景，培养学生的自我分析能力。

本书的编写基于北京第二外国语学院多年的商务谈判教学实践积累的经验，作者根据课程资料和讲义整理而成，读者在行文中可以领略到北京第二外国语学院在国际商务谈判学科建设和人才培养中的点滴实践和心得。在此，特别感谢中国金融出版社编辑的精心策划和帮助，也感谢我课堂上的所有学生，尤其是对本书的资料收集和文字整理提供了帮助的陈佳、高非含、何亚铃、江南、梁晨、林晓宇、于齐、粘青、张扬、朱斯萌等同学，通过大家的共同努力，使本书尽早地呈现到读者的面前。由于编者水平有限，书中不妥之处在所难免，希望各位读者、业内专家能够不吝批评，以便日臻完善。

目 录

第一章

国际商务谈判概述

本章学习目标

1. 了解国际商务谈判的基本概念

2. 掌握国际商务谈判的主要形式

3. 熟悉国际商务谈判的主要动机和作用

案例导入>> 美国通用汽车是世界上最大的汽车公司之一，早期通用汽车曾经起用了一个叫罗培兹的采购部经理，他上任半年，就帮通用汽车增加了净利润20亿美元。他是如何做到的呢？汽车是由许许多多的零部件组成，其大多是外购件。罗培兹上任的半年时间里只做了一件事，就是把所有的供应配件的厂商请来谈判，他说，我们公司信用这样好，用量这样大，所以我们认为，要重新评估价格，如果你们不能给出更好的价格的话，我们打算更换供应的厂商。经过这样的谈判，罗培兹在半年的时间里就为通用汽车省下了20亿美元！难怪美国前总统克林顿的首席谈判顾问罗杰·道森说："全世界赚钱最快的办法就是谈判！"

　　谈判是人类交往行为中一种非常广泛和普遍的社会现象，国际商务谈判在企业的经济活动中的地位也是越来越高，已经成为企业不可缺少、无法替代的组成部分。本章主要介绍国际商务谈判的定义、特点、类型、动机和作用等知识。

第一节　商务谈判的概念

一、谈判的定义

　　在日常生活和工作中，到处都存在着谈判。正如美国著名谈判理论家荷伯科思所说："现实世界是一个巨大的谈判桌，不管你愿意与否，你都是一个谈判者。"就谈判的定义而言，谈判具有广义和狭义之分。广义的谈判包括在各种场合和各种形式下进行的交涉、洽谈和协商，是一种普遍的社会现象，大量存在于人们生活的方方面面；狭义的谈判，是指在正式、专门场合下安排进行的谈判活动，建立在广义谈判的基础之上。谈判的内容极其广泛，到目前为止还没有一个大家公认的关于谈判的定义。下面介绍一些比较有权威性的谈判的定义。

美国谈判协会会长杰勒德·尼尔伦伯格在《谈判的艺术》中指出："谈判的定义最为简单，而涉及的范围最为广泛，每一个要求满足的愿望和每一项寻求满足的需求，至少都是诱发人们展开谈判过程的潜因。只要人们为了改变相互关系而交换观点，只要人们为了取得一致而磋商协议，他们就是在进行谈判。"美国哈佛大学教授罗杰·费希尔和威廉·优瑞在《哈佛谈判学》一书中曾说："谈判是你从别人那里取得你所需要的基本手段，你或许与对方有共同利益，或许遭到对方的反对，谈判是为达成某种协议而进行的交往。"英国谈判专家马什在《合同谈判》一书中认为："所谓谈判，是指有关各方为了自身的目的，在每项涉及各方利益的事务中进行磋商，并通过调整各自提出的条件，最终达成一项各方较为满意的协议的这样一个不断协调的过程。"

可见，专家们对谈判的看法基本一致，只是在文字表述上有所差异。综合来看，谈判是一种在双方都致力于说服对方接受其要求时所运用的交换意见的技能，其最终目的就是要达成一项对双方都有利的协议。简要地说，谈判是当事人为满足各自需要和维护各自利益而进行的协商过程。为了更加具体地把握和理解谈判的定义，谈判的定义可以从以下四点入手：

1. 谈判以满足人们的需要为目标。当人们想交换意见、改变关系或寻求同意时，人们开始谈判。因此可以说需要是谈判的动因，或者是谈判的直接原因。

2. 谈判必须要有两个或两个以上的参与者才能进行。

3. 谈判各方之间在利益、观点、立场等方面既存在统一性又存在差异性。谈判参与者在寻求共同利益的基础上，通过谈判力图缩小或消除利益分歧，在这个过程中各方努力寻找大家都能接受的方案，使谈判参与者在利益、观点、立场等方面达成分歧最小化的统一。

4. 谈判是利用协商的手段来解决利益分歧的。解决利益分歧的方式有很多，协商是较为平和的一种方式，谈判参与者在各自自愿的基础上努力使自身利益最大化，同时也要兼顾对方的利益，使各方都达到利益上的平衡。

在本书中，我们更倾向将谈判定义为：谈判是指人们为了各自的需要，就某些分歧进行相互协商并设法达成一致的过程和行为。

二、国际商务谈判的概念

商务谈判是谈判在经济领域的运用，是各经济方在经济交往过程中，为了实现自己的经济目的而进行的一系列沟通协商的过程。商务谈判是在商品经济基础上产生与发展起来的，它与人们的经济生活密不可分。当经济社会发展到一定程度，在一个国家或地区内部进行的经济活动因受到较大限制而自然地向外延伸，国际商务谈判应运而生。

国际商务谈判是指在国际商务活动中，处于不同国家或不同地区的商务活动当事人为了满足某种需要、达成某笔交易，彼此通过信息交流、沟通、协商、妥协而达成交易目的的行为过程。国际商务谈判在国际商务活动中占有重要比重，它是国际商务理论的主要内容与核心，是国内商务谈判的延伸和发展。国际商务谈判主要是按照商务谈判主体涉及的范围划分，区别于国内商务谈判，由于谈判的主体来自不同国家，其语言、信仰、生活习惯、价值观、行为规范及谈判心理都有极大的差别，所以在谈判内容和形式上，国际商务谈判要比国内商务谈判复杂得多。

国际商务谈判的构成要素是指构成国际商务谈判活动的必要因素。它从静态结构揭示商务谈判的内在基础。商务谈判主要由商务谈判的主体、商务谈判的客体、商务谈判的目标与动机和商务谈判的基本原则这四个基本要素构成。

（一）商务谈判的主体

商务谈判的主体是指参与谈判的当事人。谈判活动的成效在很大程度上取决于谈判主体的表现。商务谈判的主体，由行为主体和关系主体构成。行为主体是实际参与谈判的人。关系主体是在商务谈判中有权参加谈判并承担后果的自然人、社会组织及其他能够在谈判或履约中享有权利，承担义务的各种实体。

（二）商务谈判的客体

商务谈判的客体与谈判的主体相对应，是指谈判的标的、议题或者内容。

（三）商务谈判的目标与动机

商务谈判的目标是获得各自的商业目的与经济利益。商务谈判的动机指商务谈判中谈判各方需要沟通协商解决问题的意愿。谈判的动机也主要受到经济利益的驱使，离开了经济利益的商务谈判也就失去了存在的价值。商务谈判的目标与动机决定了商务谈判的结果，如果双方的目标和动机都相似，则较容易达成合作。

（四）商务谈判的基本原则

谈判是具有利害关系的参与各方出于某种需要，在一定的时空条件下，就所关心或争执的问题进行互相协调和让步，力求达成协议的过程和行为。在谈判过程中谈判人员可能会运用各种战略及战术，或者运用各种非经济的因素去影响谈判，但是谈判者都需要遵循以下的基本原则：合作原则、互利互惠原则、立场服从利益原则、对事不对人原则、坚持使用客观标准原则、遵守法律原则、讲究诚信原则、本土化原则。

三、国际商务谈判的特点

国际商务谈判会涉及许多问题诸如商品价格、商品数量、商品质量、付款条件、运输方式等。但是价格几乎是所有商务谈判的核心内容，这主要是因为价格可以直接表现谈判双方的经济利益。谈判各方在其他利益因素上的得与失，拥有的多与少，在一般情况下都可以折算成一定的价格，且可通过价格的升降直接体现出来。例如，在中国经济市场上有多买少算的习惯，随着购买量的增加，价格就可以往下降，这是用价格差来折算数量差。价格是所有利益因素的互换器和平衡器，所以在商务谈判中商品价格可以和其他利益因素相互折算。国际商务谈判是一门综合性学科，是多学科知识综合运用于国际商务活动的一门学科，既具有一般商务谈判的特点，又具有国际经济活动的特殊性，具体表现在：

（一）跨地域性

跨地域性是国际商务谈判最显著的特点，也是其他特征的基础。国际商务谈判涉及两个或两个以上的国家或地区的企业之间的商务关系，因此在法律方面就不能完全以一方所在国家或地区的经济法为依据，必须遵守国际商务法规，按照国际惯例办事。国际商务谈判的跨国性特点要求谈判参与人员要熟知国际商务法规和各种国际惯例。

（二）政策性强

国际商务谈判既是一种商务交易的谈判，也是一项国际交往活动，具有较强的政策性。由于谈判双方的商务关系是两国或两个地区之间整体经济关系的一部分，常常涉及两国之间的政治关系和外交关系，因此，国际商务谈判必须贯彻执行国家的有关方针政策和外交政策，同时还应注意其他国家或地区的相关政策以及规章制度。

（三）文化多样性

国际商务谈判的文化复杂性表现在影响谈判的因素多种多样。因为谈判双方来自不同的国家和地区，他们有着不同的社会文化背景和政治经济体制，人们在价值观念、思维方式、行为方式、语言及风俗习惯上都有差异，这导致谈判更加复杂，难度也加大了。

（四）坚持平等互利的原则

平等互利是我国对外政策的一项重要原则。所谓平等互利，是指国家不分大小，不论贫富强弱，在相互关系中，应当一律平等。在国际商务谈判中，应根据双方的需要，按照公平合理的价格，使双方都有利可得，不论国家贫富，客户大小，只要对方有诚意，就要一视同仁，既不可强人所难，也不能接受对方无理的要求。对于某些外商利用垄断地位抬价和压价的行为，必须不卑不亢，据理力争；对某些发展中国家或经济落后地区，我们也不能以势压人，仗势欺人，应该体现平等互利的原则。

（五）注重合同条款的严密性与准确性

国际商务谈判合同是谈判双方经过协商达成一致的书面成果。合同条款实质上就是各方应当遵守的权益与义务，合同条款的严密性与准确性是保护谈判双方实际获得各种利益的重要前提。谈判者如果在拟订合同条款时掉以轻心，忽略合同条款的完整、严密、准确、合理、合法等，这可能会掉进对方的文字陷阱。所以谈判者在与不同语言和法律体系的商务伙伴的谈判中，更要重视合同条款的严密与准确。

（六）熟悉商务谈判的法律保障

随着经济全球化的发展，市场竞争也是愈演愈烈，买卖双方的谈判对象都可能遍及世界上的各个角落。由于谈判当事人来自不同的国家或者地区，选择任何一国的法律来约束另一方都是不公平的。因此，在选定遵守哪国法律的基础上，还需受到国际惯例的制约。例如，在国际贸易谈判中，我国的谈判人员既要遵守中华人民共和国法律，也要参照《国际贸易术语解释通则》《托收统一通则》和《跟单信用证统一惯例》等国际贸易惯例进行谈判。所以，谈判人员要熟悉各种国际惯例，熟悉对方所在国的法律条款，熟悉国际经济组织的各种规定和国际法。这些问题是一般国内商务谈判所无法涉及的，要引起特别重视。

（七）国际商务谈判的难度大

由于国际商务谈判的谈判者代表了不同国家和地区的利益，有着不同的社会文化和经济政治背景，人们的价值观、思维方式、行为方式、语言及风俗习惯各不相同，从而使影响谈判的因素更加复杂，谈判的难度更加大。经济运行处于激烈竞争和瞬息万变的市场中，作为经济活动重要组成部分的国际商务谈判，它的进展和变化又和谈判主体的思维方式有密切的关系。所以，它比一般经济活动变化要快，也更加丰富，更加难以预料。在商务谈判中的跨国性是商务谈判中最常见的也是最富有挑战性的工作。由于谈判中的议题、格局、环境和策略具有多变性，再者由于国际商务谈判是跨国性质的谈判，所以谈判结果会导致有形或无形资产的跨国交易，会涉及国际贸易、国际金融、会计、保险、运输等一系列问题。因此，谈判者必须有广博的知识和高超的谈判技巧，不仅能在谈判桌上因人而异，运用自如，而且要在谈判前注意资料的准备、信息的收集，使谈判按预定的方案顺利地进行。

■ 案例阅读 1-1

招商银行并购永隆银行

2007年金融危机席卷全球，国际银行业受到较大冲击。据国际货币基金组织《全球金融稳定报告》显示，截至2008年9月末，全球银行业损失达5 870亿美元。受金融危机影响，国际经济金融形势复杂多变，全球金融机构频繁爆出巨额投资及交易亏损信息。国内外金融机构也出现了并购热潮，招商银行并购永隆银行是其中一个比较引人瞩目的国内银行并购案例。

永隆银行成立于1933年，是香港历史最悠久的银行之一。永隆银行不仅提供全面银行服务，还通过全资附属公司提供租购贷款、物业信托、受托代管、保险代理、经纪及顾问、期货证券经纪服务。该行是香港一家中等规模老牌银行，总资产排名香港本土银行第4位、香港上市银行第10位。在发展历程中经历了多次金融危机和经济波动的考验，保持了良好的发展势头。永隆银行主要业务是提供零售及企业银行、信贷、证券及期货买卖、个人理财、信托与物业管理、强积金及保险等金融服务，在香港和内地及海外共有分行及代表处42家。

永隆银行受到"次贷危机"的牵连，2008年第一季度出现亏损，2008年3月20日永隆伍氏家族宣布出售其所持永隆银行53.12%的股份。公告一经发出就引发多家银行竞标。招商银行在与其他竞投方首轮竞标中宣告失败，退出竞标。但随后不久，经由其财务顾问摩根大通牵线搭桥，招商银行管理层与永隆银行创始人伍氏家族取得联系并表示了明确的合作意图。6月初招行公告于5月30日已与永隆银行的三大股东签署股份买卖协议。根据协议，招行将以156.5港元/股的价格并购永隆银行53.12%的股份。

2008年10月6日招行向永隆银行剩余股东发起全面要约收购之后，招行即迅速在二级市场增持永隆银行股权。在发出全面要约收购建议后的4天内，招行持有永隆银行股权比例已由9.49%增加至62.61%，随后每一个交易日，招行都在二级市场上增持永隆银行股权，截至10月22日，招行持股比例已经达到90.65%，刚好超过发起强制性收购的比例。而招行从53.12%的持股比例增至90.65%，仅花了短短19天的时间，比原先拟订的4个月期限整整提前了100天。招商银行于10月27日完成对永隆银行的全面收购，耗资约363亿港元，持有永隆银行全部已发行股份的97.82%。从11月起，招行开始对永隆银行剩余的2.18%股份进行强制性收购。招商银行2009年1月15日在香港发布公告表示，招行强制性收购香港永隆银行剩余股份已于当日完成，永隆银行正式成为招行直接全资附属公司，并将于1月16日撤销在港交所上市地位。招商银行收购香港永隆银行，作为国内迄今为止（截至2014年）金额最大的银行并购案，引起了业界以及国际国内的广泛关注。

第二节　商务谈判的类型

国际商务谈判可按照不同的分类标准，分为不同的类型。随着商务谈判的实践探索与理论总结的不断积累，其分类方式也在不断地变化。不同的谈判分类中，谈判的方式也不尽相同。近年来，由于互联网技术和通讯方式的不断发展和变化，谈判的方式和手段也更加丰富。

一、按参加谈判的人数划分

按照参加谈判的人数划分，可将谈判分为双方均有一人参与的个体谈判和双方均有多人参与的集体谈判。

个体谈判是指双方均派一名代表进行谈判的谈判方式。个体谈判主要适用于非正式的不重要的谈判，它的谈判环境比较灵活，可以在正式与非正式场合中进行。对于所选的谈判代表，他必须有处理商务、法律、技术、国际金融等各方面的综合能力。这是因为在一对一式的个体谈判中，个人很难从外界寻求帮助，必须一人独自面对各种各样的局面，他必须要靠自己的经验和知识做出分析、判断和决策。

集体谈判是指谈判双方均有两人以上的成员参与的谈判形式。集体谈判主要适用于正式的、比较重要和复杂的谈判场合。每一方的谈判人员都有自己要负责的一部分内容。

二、按谈判地点划分

按照谈判的地点可将其分为主座谈判、客座谈判以及中立谈判。

主座谈判是指在自己所在地进行的谈判，自己就是东道主。主座谈判对东道主来说是比较有优势的。这是因为在自己的企业所在地进行谈判，己方对各方面环境都比较熟悉，且若在谈判中遇到新问题也比较方便请示。

客座谈判是指在对手组织，自己作为宾客前往对手所在地进行谈判。在国际商务客座谈判中，语言问题是首要问题，双方要在工作语言上达成统一。其次，要有强大的适应能力和应变能力。这是因为身处在陌生的环境，难免会产生拘束感，会受到各种限制和束缚。这要求谈判人员要尽快适应环境，能够灵活处理各种复杂局面。

中立谈判是指在谈判双方所在地以外的其他地点进行的谈判。中立谈判是相对来说比较公平的谈判，谈判双方无宾主之分。

三、按政府的参与程度来划分

按照政府参与程度的不同可将谈判划分为民间谈判、官方谈判以及半民半官谈判。

民间谈判是指参加谈判的各方代表所属企业是私营企业，谈判活动所涉及的业务与政府无关，各方交易的内容纯属私营企业经济利益的谈判。由于是私营企业，所以谈判中的决定可以很快由个人做出，不必经过许多程序，所以这种谈判程序灵活性较大。

官方谈判是指谈判各方的代表是由政府出面组织的或参与企业是由政府管辖且有政府代表参加的谈判。官方谈判的保密性较强，这是因为官方商业性谈判涉及国际市场利益问题，无论是进还是出，对第三者都有很大的影响，这给谈判参与人员带来很多约束。

半民间半官方谈判是指谈判人员所承担的谈判任务涉及政府和私营企业的利益，或受官方委托以民间名义组织的谈判，或有政府和企业代表共同参加的谈判。半民半官谈判的谈判内容涉及政府和官方的利益，但是往往委托民间私营企业完成，以减少谈判的束缚。

四、按谈判内容划分

按照谈判的内容划分可将其分为投资谈判、货物买卖谈判、劳务买卖谈判、技术贸易谈判、租赁业务谈判、对外加工装配业务谈判、损害及违约赔偿谈判等内容。

（一）投资谈判

投资谈判是指谈判双方共同参与或涉及某项投资活动，就该投资活动所涉及的相关问题，如投资的周期、投资的方式、投资的方向、投资的内容与条件、投资项目的经营及管理，以及投资者在投资活动中的权利、义务、责任和相互关系等进行的谈判。

（二）货物买卖谈判

货物买卖谈判顾名思义就是指货物买卖的谈判，这里指的是一般商品的买卖谈判。货物谈判主要是指谈判双方就买卖货物本身所涉及的数量、质量、货物转移的时间及方式、买卖的价格条件及支付方式、交易过程中双方的权利、义务及责任等问题所进行的谈判。货物谈判是在商务谈判中数量最多的谈判，它在国际商务谈判中占有重要地位。

（三）劳务买卖谈判

劳务买卖谈判是指劳务买卖双方就劳务提供的形式、内容、时间、劳务的价格、计算方法、劳务费的支付方式以及谈判双方的权利、义务和责任等相关问题所进行的谈判。

（四）技术贸易谈判

技术贸易谈判是指技术的接受方与技术的转让方对技术转让的形式、内容、质量规定、使用范围、价格条件、支付方式以及谈判双方在技术转让过程中的权利、义务和责任等相关内容进行的谈判。技术谈判所涉及的知识产权保护及技术风险等问题相对于一般的商品谈判来说复杂得多。

（五）租赁业务谈判

租赁业务是指出租人（租赁公司）按照契约规定，将他从供货人（厂商）处购置的资本货物，在一定时期内租给承租人（用户）使用，承租人按照规定付给出租人一定的资金。租赁谈判则是指承租人向租赁公司租用机器和设备而进行的谈判。它涉及机器设备的选定、交货、维修保养、到期后的处理、租金的计算及支付，在租赁期内租赁公司与承租企业双方的权利、义务和责任等问题。

（六）对外加工装配业务谈判

对外加工装配业务是指外商将原材料等运交我方，我方企业作为受托人按照外商的要求，将原材料加工成为成品的一种委托加工的方式。对外加工装配业务谈判主要内容包括来料、来件的时间与质量认定，加工标准，成品的交货时间及质量认定，原料损耗率的确定，加工费的计算及支付方式等。

■ **案例阅读 1-2**

史蒂芬斯的家庭游泳池

1999年5月，美国谈判专家史蒂芬斯决定建个家庭游泳池，建筑设计的要求非常简单：长30英尺、宽15英尺，有水过滤设备，并且在一定时限内建好。隔行如隔山。虽然谈判专家史蒂芬斯在游泳池的造价及建筑质量方面是个彻头彻尾的外行，但是这并没有难倒他。他首先在报纸上登了个建造游泳池的广告，具体写明了建造要求。很快有a、b、c三位承销商前来投标，各自报上了承包详细标单，里面有各项工程费用及总费用。史蒂芬斯仔细地看了这三张标单，发现所提供的抽水设备、温水设备、过滤网标准和付款条件等都不一样，总费用也有不小的差距。

于是5月15日，史蒂芬斯约请这三位承包商到自己家里商谈。第一个约定在上午9点钟，第二个约在9点15分，第三个约在9点30分。三位承包商如约准时到来，但史蒂芬斯客气地说，自己有件急事要处理，一会儿一定尽快与他们商谈。三位承包商人只得坐在客厅里一边彼此交谈，一边耐心地等待。10点钟的时候，史蒂芬斯出来请承包商a先生进到书房去商谈。a先生一进门就说自己建的游泳池工程一向是最好的，建史蒂芬斯家的游泳池实在是胸有成竹，小菜一碟。同时还告诉史蒂芬斯先生，b先生曾经丢下许多未完成的工程，现在正处于破产的边缘。

接着，史蒂芬斯请第二个承包商b先生进行商谈。史蒂芬斯从b先生那里了解到，其他人提供的水管都是塑料管，只有b先生提供的才是真正的铜管。后来，史蒂芬斯请第三个承包商c先生进行商谈。c先生告诉史蒂芬斯，其他人所用的过滤网都是品质低劣的，并且往往不能彻底建完，而自己则绝对能做到保质、保量、保工期。

不怕不识货，就怕货比货，有比较就好鉴别。史蒂芬斯通过耐心地倾听和旁敲侧击的提问，基本上弄清了游泳池的建筑设计要求，特别是掌握了三位承销商的基本情况：a先生的要价最高，b先生的建筑质量最好，c先生的价钱最低。经过权衡利弊，史蒂芬斯最后选中了b先生来建游泳池，但只给了c先生提出的标价。经过一番讨价还价之后，终于达成一致。就这样，三个精明的商人没有斗过一个谈判专家。史蒂芬斯在简短的时间里，不仅使自己从外行变成了内行，而且还找到了质量好、价钱便宜的建造者。

这个质优价廉的游泳池建好之后，亲朋好友赞不绝口，对史蒂芬斯的谈判能力也佩服得五体投地。史蒂芬斯却说出了下面发人深省的话："与其说我的谈判能力强，倒不如说用的竞争机制好。我之所以成功，主要是设计了一个舞台，并请三位商人在这舞台上作了充分的表演。竞争机制的威力，远远胜过我驾驭谈判的能力。一句话，我选承包商，不是靠相马，而是靠赛马。"

第三节　国际商务谈判的作用

随着经济全球化以及国际分工的发展，国际商务活动越来越频繁，商务谈判也就显得越来越重要，它的作用也越来越大。通过谈判可以加强双方的了解和信任程度，有助于双方寻找利益的共同点以及缩小差异来实现价值的创造，争取达成各自利益最大化的解决方案。

一、有利于促进商品经济的发展

谈判由来已久，但只有在商品经济发展到一定阶段时，谈判才能在生活中发挥巨大作用，且商品经济越发达，谈判的应用也就越广泛。同时，谈判广泛应用于社会生产、生活的各个领域，这又促进了社会的繁荣、经济的发展。这是由于商品经济崇尚等价交换，只有通过买卖双方的平等协商谈判，才能使双方在互利的基础上达到双赢的结局，进一步促进商品经济发展。

国际商务谈判更好地加强了人们在平等互利基础上的联系，改善了相互的关系，提高了交易的成功率。因此，商务谈判通过加强谈判双方的相互依赖关系，通过整合彼此的现有资源来追求更大的商业回报，加速了商品经济的发展。今天，谈判已经成为商品经济社会中不可缺少的组成部分，成为各种组织和公众解决彼此间矛盾、争议和调整人际关系的重要手段。不论人们是否承认、有没有意识到，人们都曾在现实生活中扮演了并将继续扮演着"谈判者"的角色，正如谈判专家所说的，世界就是一张偌大的"谈判桌"。

二、有利于国内企业开展国际贸易

我国加入世界贸易组织后，与世界其他国家（地区）间的经济贸易交流越来越频繁，对外贸易规模也在逐步扩大。随着我国经济社会发展水平的提高，我们一方面需要引进国外的先进技术、设备和管理经验；另一方面国内的企业、商品也需要更多地走向世界。想要使我国企业、商品更多更好地走向世界，学习对外贸易谈判就显得尤其重要。这要求我们要了解和掌握国际商贸活动的规律和准则，了解各民族的法律法规、文化、民俗、习惯做法以及谈判风格，熟练掌握国际谈判的规律和技巧，并懂得灵活运用。商务谈判的不断实践和应用，提高企业开拓国际市场的效率，是企业国际化发展必不可少的基本条件。

在市场经济条件下，商务谈判是企业生存和发展的重要经济活动。企业和企业的产品走向市场、跨出国门或者企业从国际市场获得最佳的合作项目都与谈判队伍的整体水平密切相关。从谈判过程看，谈判成功与否的关键因素是谈判者能否根据对手的性格采取灵活的因人而宜的谈判策略，能应付善言灵巧、顽强固执、深藏不露、谨慎稳重等几种对手。所以转变观念，组建稳定的企业谈判队伍，提高厂长经理的谈判素质是应急措施。国家应在名牌高校开设商务谈判专业，以适应市场经济发展对谈判人才的需要。

三、有利于加强企业之间的经济联系

随着市场经济的深入发展，商务谈判逐渐成为企业开拓市场、获取企业发展空间的重要举措之一。商务谈判大多是在企业与企业之间，企业与其他部门之间进行的，国际商务谈判也是如此。它是国际货物买卖过程中必不可少的一个很重要的环节，也是签订买卖合同的必经阶段。由于经济全球化的发展、国际分工的细化以及专业化程度的提高，企业间的联系也就越来越紧密，越来越需要各种有效的沟通手段，每个企业几乎都要与其他部门或单位进行协作才能顺利完成生产经营活动。企业通过谈判去获得所需物品、通过谈判来调节经济纠纷、通过谈判协商来解决企业生产经营过程中所有涉及的问题。事实上，经济越发展，分工越细，专业化程度越高，企业间的联系与合作越紧密，越是需要各种有效的沟通手段。同时，企业具有独立的法人资格，企业之间的交往与联系也必须在自愿互利的基础上实行等价交换、公平交易，谈判是一种公平公正的交流方式，故而国际商务谈判理所应当地成为企业间经济联系的桥梁和纽带。

四、有利于解决企业间的冲突

谈判双方有着不同的利益诉求，自然不可避免地涉及利益冲突。商务谈判就是谈判双方不断寻求利益冲突的解决方案的过程。谈判双方通过合作，创造并分享现有资源，并创造出更大的价值用于解决现有的矛盾冲突。同时，通过谈判可以缩小双方各自利益点之间的差异、改变对各自收益的不同判断、时间偏好以及风险能力的差异，对于寻找双方都能满意的解决方案起着至关重要的作用。

一个成功的谈判者，可在自己脑海中划定一条清晰的界限，将人事明确分离。对人温和旨在保有对人的尊重，对事严谨的目的在于不误事；关键在专心倾听，并设身处地地为对方着想，并试图影响、改变对方的想法。如此，才可将谈判的双方从面对面冲突转化为肩并肩作战，共同克服障碍与困难。当谈判陷入僵局时，双方都应突破预设立场直指利益，不在私下盘算，转而公开协商才有机会达成共赢。所以，我们可以说，国际商务谈判是一种对外经济贸易活动中普遍存在的一项十分重要的经济活动，是调整和解决不同国家和地区政府及商业机构之间不可避免的经济利益冲突的必不可少的一种手段。

■ 案例阅读 1-3

中方引进意大利生产设备的困惑

　　某市醋酸化工厂从意大利引进生产设备一套，总价值近百万美元。已就主机备件条件达成了协议。双方讨论设备安装调试时，意方认为他们可以派人来装机调试，不过要另收5万美元的人员差旅及工时费。中方则认为设备费中应包含该费用，且由于预算不足，不愿另出钱。于是双方僵持不下。

　　意方为了推销其主机，主动提出安装调试费可优惠10%，中方仍坚持难以接受。意方又强调："这是为了保证其设备性能和信誉。"中方讲："总价太贵。"意方说："现在的价格是我们在海外出售价中最便宜的价格。"中方答道："贵方设备不错，这正是我们买的原因，但若价格再降些就更好了。"意方说："好吧。那我们的服务费再降10%，即4万美元，不能再优惠了。"中方提出要研究研究。

　　中方研究结果是预算一时增加不了，但工程技术人员有能力自己安装调试。为了省去意方的服务费，中方决定自己安装调试。听到中方的决定，意方先是一惊，随即表示赞同。不过，进而提出对中方自行调试的后果不负责任。中方表示只要设备是全新的，各项性能没问题，调试的结果意方可以不负责。于是双方将该结果写进合同中，实际上安装设备容易，而调试设备难。意方将设备交付中方后，收回全部货款。中方工程技术人员投入了紧张的安装调试工作，出乎意料之外的是设备的原料损耗率达不到设计要求的1.9%的水平，而是3.2%。中方人员继续调试，待调到设计水平时，已花费20多万美元。

■ 讨论

1. 中方在谈判中存在什么问题?

2. 在决策上,对轻重权衡有否错位? 怎么会造成这种错位的情况呢?

■ 案例解析

1. 首先,谈判之前,中方对意方背景调查不足。对谈判对手的背景调查是谈判工作准备最关键的一环,如果不了解对手的详细情况,会造成极大的困难,甚至会冒很大的风险。中方应该在谈判之前,对该设备的市场情况和意方背景做一个详细的调查。比如,该设备在市场上的交易情况如何,价格多少,安装费是否另算、价格是多少? 还有调查意方与别的工厂的交易记录,卖给其他工厂的价格,包不包括安装调试费用,不包括的话应是多少? 中方就是因为在谈判之前没调查清楚,私自认为设备费用中应包含服务费,谁知意方却要另收费,中方只能吃哑巴亏任由对方出价。

其次,中方在谈判前的方案准备上也存在漏洞。中方购买的是百万美元级别的工业设备,是一笔大单子。在制作谈判方案时,就要考虑购买设备后的安装、调试、保养、维修等一系列保证设备正常运行的问题。然后将这些问题连同设备一起谈判,把后期费用和设备费用一次性谈清,而不是分开讨论。如果中方选择的是分开讨论的策略,就要做好对方重新出价的准备,做好预算。而不是当意方出乎意料地收服务费时,这时才发现预算不足,又不打算超出预算,导致谈判无法继续进行。

最后,中方的谈判策略也准备不足。谈判策略是谈判人员为了实现谈判目标而采取的各种方式、措施、手段、技巧、战术等活动,谈判是否成功，谈判策略起着决定性的作用。在服务费的谈判中，中方希望取消服务费或给予足够的优惠，但并没有充足的理由说服对方，只是一再强调预算不足，然而这还不足以打动对方。由此可见，中方在谈判之前没有针对性地准备好应对这类突发情况的应对策略，在交锋中更没有使用商务谈判中的各种谈判策略，以致自己的谈判毫无威慑力，处于被动地位，最终达不到预期目标。

2. 中方为了省4万美元的服务费，而选择自己安装调试，导致后期调试不合格，多付出了16万美元，很明显轻重权衡是有错位的。造成这种错位首先是谈判班子决策权力不足，无法增加预算，也没有向高层领导请示，才会在预算不足的情况下选择自主安装调试。还有就是工程技术人员的失误，高估了中方技术人员的技术能力，导致结果与预期相差太大。

第二章

国际商务谈判的动机和原则

本章学习目标

1. 了解商务谈判的动机

2. 掌握商务谈判的基本原则

案例导入>> *美国人与墨西哥的一笔交易。美国想用低价购买墨西哥的天然气。他们认为，这笔买卖只有美国人愿意与墨西哥人做。美国能源部长拒绝同意美国石油财团与墨西哥人进行增加价格的协商。但是，墨西哥人的主要利益不仅在于要天然气卖一个好价钱，还在于受到尊重、求得平等。美国的行动看上去像是在利用权势，结果引起了墨西哥人的极大愤慨，墨西哥政府决定不出售天然气而将其烧光，任何签订低价格购买天然气协议的机会已经不存在了。*

上述案例中我们可以看到谈判的过程中平等互利原则是十分重要的，因此在谈判中不仅要从双方的需求出发，还应遵循一系列的原则。本章主要介绍商务谈判的动机及其基本原则。

第一节　商务谈判的动机

一、商务谈判动机的概念

动机是促使人为了满足需要而采取相应行为的驱动力，或者说是推动一个活动朝特定目标前进的内部原动力。它是在需要的基础上产生的，与外部的诱因相协调从而形成激发行为的动力因素。动机的产生决定于两个因素：内在驱动和外在诱因。内在驱动是指需求，即因个体对某些东西的缺乏而引起的内部紧张状态和不舒适感，需要产生欲望和驱动力，引起活动。外在诱因包括个体之外的各种刺激，即物质环境因素的刺激和社会环境因素的刺激，如商品的外观造型，优雅的环境，对话者的言语、神态表情等对人的刺激。商务谈判动机即促使商务谈判人员为满足谈判需要而采取行动的驱动力，这种动机推动商务谈判的进行，进而推动协议的达成（见图2-1）。

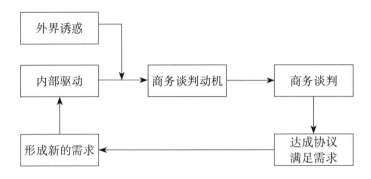

图 2-1　商务谈判动机转化图

二、商务谈判动机的需求

动机作为推动人的活动的直接动力，而需要是产生动机的根源。人的需求是多种多样的，根据美国著名心理学家亚伯拉罕·马斯洛的需求层次论观点划分，人有五大层次的需求（见图2-2）。

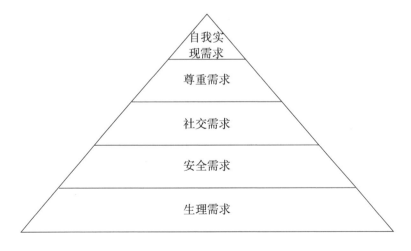

图 2-2　马斯洛需求层次图

生理需求是指人类对维持生存和延续生命产生的基本的物质需求，如对食物、水以及住房等物质条件的需求。马斯洛认为，生理需求是人类最低层次的需求，也是最强烈的需求。

安全需求就是人类希望保护自身的肉体和精神不受威胁。保证安全，降低生活不确定性，满足对安全稳定和秩序的心理欲求。它通常表现为希望生命不受伤害、职业得到保障、健康得到维护、避免财产损失和免受不公正待遇等。

社交需求是追求社会交往中人际关系的需求。它表现为爱和归属的需求。爱的需求是希望得到和能够给予友谊、关怀、忠诚和爱护；归属的需求是希望能够归属于团体，成为其中的一员，得到关怀和照顾，增强力量感和信心。

尊重需求包括受人尊重和自尊两方面。受人尊重指人希望有地位、有威望，得到别人的好评、尊敬和信赖。自尊是指自身希望在各种不同的情境中，既有能力又有信心承担一定的责任。

自我实现需求是指每个人都能够处在最适合于他的工作岗位，充分发挥个人能力，实现个人的理想抱负的需求。

与马斯洛需求层次理论的需求类型相同，商务谈判人员个体或者谈判主体群体也有类似的需求。安全需求意味着商务谈判过程中各参与方更愿意与老客户、长期合作伙伴打交道，因为对彼此的主体资格、财务状况、信誉程度有更好的了解。谈判人员也有着很强烈的尊重需求。谈判人员得不到应有的尊重往往是导致谈判破裂的原因。有着强烈尊重需要的人，当自尊心受到伤害时很可能会启动心理防御机制，严重时甚至会出现攻击性的敌意行为，这些都会导致谈判不能顺利进行，影响双方的合作。商务谈判者的自我实现需求则是谈判者的最高需求。在商务谈判中，实现成就的大小通常用获取利益的多少来衡量，获取的利益越多意味着谈判越有效，谈判者的成就也就越大。因此每一个参与商务谈判的谈判者都会希望在实现既定利益目标的情况下还可以尽量争取到更多的利益。总之，在商务谈判过程中，多关注谈判背后的内在驱动有助于更好地推动谈判的进行。一般来说动机分为下列几种类型：

（一）风险动机

风险动机是指决策时敢于冒险，敢于使用新思路、新方法，不惧怕失败的动机。高风险动机的人可能过于莽撞，对可能的危险和损害估计不足，缺乏足够的大局意识和责任感，缺乏对失败的应变策略；低风险意识的人则过于保守、审慎，优柔寡断，谨小慎微，缺乏决断。

（二）权力动机

权力动机是指人们力图获得、巩固和运用权力的一种内在需要，是一种试图控制、指挥、利用他人的行为，想成为组织的领导者的动机。高权力动机的人往往有许多积极有利的特征，例如善于左右形势大局、果断自信、试图说服他人；但权力动机过高的人也可能会成为组织中的危险人物，他们可能只顾及个人权力，在极端的情况下不择手段，不顾组织的利益，甚至危害组织。总的来说，权力动机是有价值的，一定水平的权力动机是企业管理者实现领导力的行为根源，同时在组织中要控制权力动机的无限扩张。

（三）亲和动机

亲和动机是指人对于建立、维护、发展或恢复与他人或群体的积极情感关系的愿望。其结果是引导人们相互关心、和睦相处，形成良好的人际氛围。亲和动机强的人能很容易与他人沟通、交流，并且促进团队积极的社会交往；他们富有同情心，容易接纳别人，减少冲突，避免竞争，有利于合作氛围。亲和性的领导会受到下属的接受和维护，团队合作密切。但亲和动机过于强烈时可能有副作用，如回避矛盾、害怕被拒绝、过于求同、忽视个性，甚至息事宁人、放弃原则等。

（四）成就动机

成就动机是指人们发挥能力获取成功的内在需要，一种克服障碍、完成艰巨任务、达到较高目标的需要，是对成功的渴望，它意味着人们希望从事有意义的活动，并在活动中获得完美的结果。

由于行为动机具有行为驱动作用，在智力水平和其他条件相当的情况下，高成就动机的人获得的成功更大、绩效更突出。但成就动机过高也使行为驱动力减退，工作任务未必尽善尽美。而且，害怕失败就害怕尝试多种可能性，无形中放弃、丧失了很多机会。

三、激发商务谈判动机

谈判动机是由于商务人员有意识或无意识地期望满足其需要而推动其采取行动或行为的内驱动力。国际商务谈判的动机由需要而引发，得不到满足的需要引发了心理上的不平衡状态。正是由于有了获取某种商品或服务的需要，人们才产生谈判的动机，去获得所需要的东西，以得到需要的满足。

在谈判中，任何一方总是既有获得，也有付出。获得的即为自身需要，而付出的则是对方的需要。从经济角度看，谈判的基础出发点似乎是以最少的付出获得最多的自身所需。但是从心理的角度考虑，谈判的基点应该建立在：最大限度地满足自身的同时，如何更多地满足对方。而学会激发对手的谈判动机朝向有利于己方的方向发展，也是取得谈判成功的关键因素。根据心理学的研究，一般来说，激发动机应贯彻以下几个原则：

（一）针对性原则

针对性原则是指对从事谈判的团体和个人的动机进行认真分析研究，搞清从事这项活动的各种动机，这些动机包含哪些需求，其中最基本的需求是什么。动机产生于需求，只有认真研究谈判对手的需求，才能有针对性地激发其成交的动机。通过控制动机，就可以促使其产生行为——达成协议。同时，需求的多层次性决定了激发方式的多样性。对谈判对手的各种各样的需求，应采取多种方式进行激发，使谈判对手获得赢得谈判的满足感，以此促成双方达成交易。

（二）结合性原则

对于共同利益的追求是取得一致的巨大动力。所以结合性原则是指使对方认识到，如果按我方条件达成协议，则对满足其本身的需要至关重要。只有当谈判对手认为满意时，他才有成交的积极性。西方行为科学家弗鲁姆在"期望理论"中提出了一个公式：激发力量＝效价×期望。效价是指达到的目标对于满足需要的价值；期望是指达到目标能满足需要的概率。谈判对手对于达到目标的价值越大，达到目标能实现需求的概率越高，则激发力量越大。因此，谈判人员应该努力提高对手对达成协议的期望值的估计，以激发其成交的积极性。

（三）公平性原则

公平性原则认为，人们不能指望单方面地从对方那里获取他们所欲取得的好处，他们只有给予对方一点什么，才能从对方那里获得一点什么。心理学的研究表明，给别人好处的人对接受者造成一种压力，接受者会给予回报以平衡交换关系。当然，这种交换不可能像在商品交换中那样是完全等价的，但至少它不是无偿的。在商务谈判中，公平性原则主要表现在以下两个方面：

（1）在自我暴露方面。谈判者总希望在谈判中更多地得到对方的有关信息，以便更正确地了解对方，为此，他们总希望对方更多地暴露自己。在这里公平原则表现为，你想让对方更多地暴露自己，你就得更多地暴露你自己。自己深藏不露却要求对方敞开胸怀，这种不公平的现象在谈判中是极少出现的。因此，老练而明智的谈判专家总是告诉新手应当坦诚相待，让对方更多地了解你，同时你也可以更多地了解对方。以伪装和欺骗去换取对方的坦诚，并把这种手段视作谈判的高超技巧是对谈判的一种极大误解，最终的所失将远远超过所得。

（2）在让步方面。在这里公平原则表现为，你想让对方做出什么样的让步，那么你就必须考虑你自己准备在哪些方面做出让步，让步总是互相的。例如在一项商务谈判中，卖方如果希望买方在价格上做出让步，那么卖方就要考虑在质量方面（或其他方面）做出一些让步。从维持长期合作的贸易伙伴关系和建立企业良好形象的角度来看，谈判者在制定让步策略的时候，重要的不是计算怎样以己方的微小让步去换取对方的大让步，更不是考虑怎样以压力去迫使对方单方面让步，而是计算每一让步行为组合的付出和收获，并决定哪一个选择对双方更有利。

（四）强化性原则

强化是对于活动定向控制的一种方法。对于人的某种行为给予肯定，使这种行为能够保持和巩固，叫做"正强化"；反之，就是"负强化"。为了使谈判活动顺利进行，就需要对对手的动机不断强化。例如，在谈判开始阶段，建立良好的谈判气氛，使对方愿意继续谈判；在谈判过程中，专心地倾听对手讲话，尊重对手，使对手产生好感；在谈判结束阶段，肯定谈判给双方带来的利益，使对方放心，等等。通过不断强化对手的动机，就会使交易易于达成。

■ **案例阅读 2-1**

奥康与GEOX公司谈判案例分析

2003年，浙江奥康集团与意大利GEOX公司进行了一场成功的谈判，浙江奥康集团是国内知名鞋业生产企业，GEOX公司是意大利排名第一的功勋企业、世界鞋业巨头之一。2003年2月14日，两家企业达成协议：奥康负责GEOX在中国的品牌推广、网络建设和产品销售，GEOX借奥康之力布网中国，而奥康也借GEOX的全球网络走向全球。

在中国入世之初，GEOX把目光对准了中国，意图在中国建立一个亚洲最大的生产基地。2002年开始，GEOX总裁POLEGATO先生开始到亚洲的市场调研。经过一段时间的实地考察，他将目标对准了中国奥康集团。但奥康能否接住GEOX抛过来的红绣球，实现企业发展的国际化战略，最终起决定作用的是以下商务谈判制胜原则的精彩运用。

1. 针对性原则

"凡事预则立，不预则废"，进行商务谈判，前期准备工作非常重要。只有事先做好充足准备，谈判者才会充满自信，从容应对谈判中出现的突发事件、矛盾冲突，才能取得事半功倍的谈判结果。更进一步说，即便只有1%成功的希望，也要做好100%的准备，不管自己在谈判中处于优势还是劣势。

GEOX曾用两年时间对中国市场进行调研，先后考察了6家中国著名鞋业公司，为最终坐到谈判桌前进行了周密的准备。谈判中，POLEGATO能把几十页的谈判框架协议条款熟练背出，令在场的人叹为观止。POLEGATO的中国之行排得满满的，去奥康考察只有20%的可能，谈判成功的预期更是很低，对一个合作可能如此小的机会，POLEGATO竟作了如此充分的准备，是值得国内企业老总们学习和借鉴的。

尽管奥康对与GEOX合作成功的心理预期也是极其低的，但他们的宗旨是即便是0.1%的成功机会也决不放过。奥康为迎接POLEGATO一行进行了周密的准备和策划。首先，他们通过一位香港翻译小姐全面了解了对手公司的情况，包括对手公司的资信情况、经营状况、市场地位、此行目的以及谈判对手个人的一些情况。其次，为了使谈判对手有宾至如归的感觉，奥康公司专门成立了以总裁为首的接待班子，拟订周密的接待方案。从礼仪小姐献给刚下飞机的谈判方POLEGATO一行的鲜花，到谈判地点的选择、谈判时间的安排、客人入住的酒店的预订，整个流程都是奥康公司精心策划、刻意安排的，结果使得谈判对手"一直很满意"。为谈判最终获得成功奠定了基础。

2. 结合性原则

中国有一句谚语叫和气生财，商务谈判的双方尽管有各自的利益需要，但互利是商务谈判的基本目标。因此，在谈判的时候，必须首先建立起对彼此信任，以此为基础双方才能开诚布公，协调利益，找到一个利益的平衡点，最终达成双赢。

奥康和GEOX的合作无疑是一项互利的合作。奥康团队认为，GEOX看重的不仅仅是奥康的"硬件"，更多的还是其"软件"，是一种积极向上、充满活力的企业精神。还有奥康人一直倡导的"诚信"。而奥康看重的则是GEOX这艘大船，他要借船出海，走一条迅速国际化的捷径。

从表面看谈判双方既得利益是不均衡的，奥康所得（借船）远远低于GEOX所得（奥康的"硬件""软件"），因此，引来诸多专业人士或担忧或谴责，王振滔平和的背后并不缺少商人的精明，"许多人预言说我们'引狼入室'，我们是'与狼共舞''携狼共舞'"。其豪情不亚于慷慨悲歌之士。王振滔认为奥康与GEOX合作，就等于与世界最先进行业技术合作，因为世界鞋业首推意大利，意大利一流鞋业当属GEOX。通过合作，奥康可以轻而易举获得行业第一流的技术支持，不出家门就可以学习世界先进的管理经验，并且可以实现销售淡旺季互补。

事实上，这是一场双赢的博弈。与之合作有风险，而放弃它让它与别人合作则风险更大，与其被动等待别人来撬动蛋糕，不如与之共同分享蛋糕。王振滔心里比谁都清楚。"双赢才能共生，共生才能长久"，这是王振滔的考虑，也是GEOX的追求。在国际化路径的选择上，奥康走出了自己坚实而又睿智的一步，通过成功策划这次谈判实现了奥康梦寐以求的强强联合的国际化道路，其中诸多谈判原则的有效运用是值得中国企业借鉴的。

3. 公平性原则

在各方立场不同、利益相异的谈判中，为了达成协议，各方都必须互相让步，放弃自己的某些利益，以互相补足对方的需要。只取不给，各不相让，谈判必然以失败而告终。在许多人眼中，"妥协"是和投降联系在一起的，它意味着根本利益的让步。其实，这里的妥协是中性的。它是用让步的方法避免冲突和争执。在谈判中出现僵局是常有的事，对谈判或谈判者都是一个考验，而唯有某种妥协才能打破僵局，使谈判得以继续。然而，妥协并不是目的，它是实施以退为进策略求得利益互补、达成双赢协议的手段。

GEOX公司有备而来，拟订了长达几十页的协议文本，每一条都相当苛刻，为了达成合作，双方都进行了让步。但在两件事上出现了重大分歧，一是对担保银行的确认上，奥康一方提出以中国银行为担保银行，对方不同意。经过权衡，双方本着利益均沾的原则，最后以香港某银行为担保行达成妥协。二是双方关于以哪国法律解决日后争端的问题，此问题使谈判一度陷入破裂边缘。POLEGATO提出必须以意大利法律为准绳，因王振滔对意大利法律一无所知，而予以坚决抵制。王振滔提议用中国法律，也因POLEGATO对中国法律一窍不通而遭到了坚决反对。眼看所作的努力将前功尽弃，最后还是双方各让了一步，以第三国法律（英国）为解决争端法律依据而达成妥协。

4. 强化性原则

（1）营造氛围，消除利益对抗

谈判的氛围包括自然环境、社会环境、心理环境、语言环境，涉及的范围相当广。营造良好的氛围对促成谈判有良好的催化作用。奥康在上海黄浦江，以包下豪华游轮的方式宴请谈判对手，借游船赏月品茗之美好氛围消除利益冲突引发的对抗，平衡谈判双方实力，此举可以称为谈判领域的经典案例。

（2）中秋节、情人节等特殊节日的选择

在2003年2月14日，西方传统情人节，GEOX与中国皮鞋业巨头奥康集团签订了合作协议。在中秋月圆之夜，王振滔与POLEGATO举杯对饮，共谋发展大计。追求浪漫是现代人共同的价值取向，选择中西方传统节日中秋节、情人节为此次合作增添了浓郁的文化氛围和浪漫气息，是奥康营造和谐氛围，智取此次谈判，并为今后长远合作的劳心之作。结果正如王振滔所愿，POLEGATO对王振滔亲自策划的这些活动非常满意，也对奥康集团的策划能力有了更深的认识。

（3）赠送礼物，表情达意

谈判毕竟不是为交友而来，谈判者花在联络感情上的时间总是有限的，如果找一种方法，能够用较少的成本赢得对手的友谊和好感，那就非赠送礼物以表情达意莫属了。王振滔选择寓含奥康和GEOX合作完美无缺之意"花好月圆"青田玉雕，送给POLEGATO先生。礼物虽轻，但表达了赠送人的情真意切。谈判双方建立起真诚的友谊和好感，对日后的履约和合作具有重要的意义。

第二节　国际商务谈判的基本原则

国际商务谈判既是一种商务交易的谈判，也是一项国际交往活动，谈判人员在进行对外谈判时要兼顾国家利益和企业利益，不能为了追求个人和企业的片面利益而损害国家的利益。为此，根据我国对外经济贸易的一贯政策，我国对外商务谈判中应遵循平等互利、友好协商、灵活机动、合理合法和适当使用谋略和技巧等原则，既不可强人所难，也不能接受对方无理的要求。

一、平等互利原则

该原则的基本含义是，谈判双方在法律地位上一律平等，根据各自的需要与可能进行平等磋商，互惠互利。在国际商务活动中，双方是为了满足各自需要才坐在一起进行磋商的。如果没有平等的地位，就不可能有真正意义上的谈判。所以，我们在对外商务谈判中必须坚持平等互利原则。

在商务谈判中，参与各方无论其经济实力是强还是弱，他们对合作交易项目都具有一定的"否决权"。从这个角度来看，交易双方所拥有的这种"否决权"是同等性质的。因为，交易中的任何一方如果不同意合作，交易就无法达成。这种同质的否决权在客观上赋予了谈判各方平等的地位，谈判当事人必须充分认识并尊重这种地位，否则，商务谈判将很难达成一致。从另外一个角度来讲，任何人都有同等做人的权利，都应受到同样的尊重，所以，在商务谈判中，参与谈判的各方应以平等的姿态出现，无论其谈判实力有多强，都不应歧视或轻视谈判对手。

在商务谈判中，参与谈判的各方是为了自身利益的满足和增加才走到一起的，如果参加交易的某一方或某几方在交易中无利可图，那么，他们就不会花费一定的时间和金钱来从事商务谈判，商务谈判也会因此缺乏前进的动力。所以，商务谈判需要让参与谈判的各方都能获得一定的经济利益，并且要使其获得的经济利益大于其支出成本。但是，互利不可能是绝对的，即一半对一半的互利，互利是指双方的经济利益都能得到照顾和满足，而不能要求完全对等或相等，这是不现实的，也是做不到的，只能是按照当时的客观条件，在当时的利害关系下，能达成双方都自愿和乐意接受的一种相对的互利。互利的表现形式也是多种多样的，如贸易谈判等物质上的互利、文化谈判等精神上的互利、物质与精神互利。无论以何种方式获取利益，都不可损害对方的利益，成功的谈判是双方都有利可图。

坚持平等互利的原则有四条要求：第一，谈判者要判明各方的各种利益或需求；第二，各方共同开发和维护彼此间的共同利益；第三，努力契合各方的不同利益；第四，用公平的办法解决各方的利益冲突。

在国际商务谈判中，还应反对以任何借口，附带任何政治条件去谋求政治上和经济上的特权。

二、诚实守信原则

诚实守信原则，是指双方在谈判中讲求诚实与信用。关于诚信，在我国古有孟子的"诚者，天之道也；思诚者，人之道也"，近有鲁迅先生的"诚信为人之本"；在西方富兰克林也说过"坦诚是最明智的策略"。在商务谈判过程中遵守真诚守信原则意味着各参与方要本着真诚之心，信守达成之诺。所谓诚实，就是在任何谈判中做到言行与内心一致，即实事求是；所谓守信，就是能够履行约定的事情和达成的协议，从而取得信任。

国际商务谈判的最终目的是实现交易。在谈判过程中，双方是否讲信用、是否诚实可靠，不仅是奠定谈判成功的基础，更重要的是关系到将来合同能否真正地履行。如果双方在谈判中缺乏信用，互相欺骗和互相猜疑，谈判就无法进行下去，最终会导致谈判失败。即使谈判获得成功，也是虚假的成功，在合同的履行过程中会出现各种问题，最终导致合同无法履行。坚持诚实守信原则，要求双方在谈判中要做到：

（一）以诚待人

以诚待人可以赢得对方的信任，有利于形成一个良好的谈判气氛，有利于激发对方的积极性，形成积极有效的互动。诚实的要义在于不欺诈、不设骗局，以诚待人与保守己方的商业秘密并不矛盾，诚实也不意味着要"和盘托出"乃至泄露企业机密，对于己方在谈判中有关的临界点、谈判目标、谈判策略等是需要并允许向对方保密的。

（二）相互信任

在国际商务谈判中，不仅要以诚相待，而且要相信对方，不猜疑、不轻易否定。在平等合作、互相信任的基础上，坦诚相见，将己方的意图、目标、要求明确告诉对方，认真倾听对方的要求并给予诚恳答复，这样才能形成互相信任的良好的谈判气氛。

（三）慎重许诺

在国际商务谈判中，每一项承诺都意味着将来要实际履行。所以，对每项许诺都要慎重，确信有能力实现诺言。因而，不轻易许诺，轻诺必寡信，最终将失信于人。

（四）遵守诺言

在国际商务谈判中，双方所提出的建议和方案，在一定程度上是一种承诺，表示当对方接受后，己方会按照所提出的建议和方案去实际履行。如果在国际商务谈判中轻易地推翻自己提出的交易条件，往往会失信于对方，导致谈判中不信任之风蔓延，最终导致谈判失败。因此，在国际商务谈判中，双方都要"一诺千金"，遵守谈判中的诺言，并将其付诸实践。

三、寻求合作原则

国际商务谈判是一项双赢的事业。美国谈判学会会长尼尔伦伯格认为"谈判不是一场棋赛，不要求决出胜负；也不是一场战争，要将对方消灭或置于死地。相反，谈判是一项互惠的合作事业。"商务谈判的互利共赢原则就是指谈判各参与方能够充分进行交流与理解，力争达成互利共赢的谈判结果，实现合作的目的。

参与谈判的各方究竟是合作者还是竞争者？这是谈判学家们一直在理论上争论的焦点问题。虽然在国际商务谈判中，双方都有各自的目标，但是，每一方目标的实现都取决于对方的合作，取决于对方的需要能否被合理满足。如果一项交易明显地只能保证一方的目标实现，另一方的目标无法实现，那么另一方肯定拒绝参加谈判，这样双方的利益都无法实现。因此，在国际商务谈判中，对方不是敌人，而是合作的伙伴。谈判双方在谈判中需要遵循合作的原则，既要考虑己方的需要和利益，也要考虑到对方的需要和利益。

合作是一种"互利共赢"，但不等于双方在每一利益点上都达到利益的均等。在一场谈判中，双方存在分歧的利益点是多方面的，诸如价格、包装、交货期、支付条件、保险、数量、不可抗力等。双方在各种利益点上具有不同的利益权重。例如：一方的利益重点是利润，因此，希望以较低价格买进，而另一方的利益重点是尽快把产品出售，收回资金投入到新产品的生产上，力争新产品尽快上市。这时候，即使谈判最终以较低价格成交，双方也都获得各自合理的利益，实现了利益均沾。即使一方在某一利益点上确实获利甚少，但在其他方面可能获得极大的利益，从而实现整体利益上的均衡。有时一方当前利益受到一定的损失，但却换来长远利益的满足，也等于实现了互利共赢。

双方实现合作的主要途径在于谋求互利，即寻找双方利益的共同点，协调利益上的分歧和矛盾。要坚持合作共赢原则，应主要从以下方面入手：

（一）寻找双方的共同利益

在国际商务谈判中，双方存在一些共同的利益和目标。这些共同的利益和目标是双方走到谈判桌前的主要原因，也是维系谈判的主要因素。双方寻找出相关的利益，清楚地认识到共同的目标，有利于双方在合作的基础上积极寻求解决问题的办法。例如：双方谈判的当前目标是达成一项交易合同，长远的目标是建立最牢固的长期合作伙伴关系。为了达到这一共同利益，双方会考虑到对方的利益，会积极地做出一定的让步。

（二）提出合理的互利选择

在共同利益的前提下，双方之间还存在大量的利益分歧。这些利益分歧，需要双方本着合作的原则，通过交流、沟通、让步来解决。在解决利益分歧时，最重要的是通过创造性的思维，寻求使双方都满意的方案和建议，即提出互利选择来协调不同利益。通过仔细分析可以发现，一些看似存在分歧和矛盾的利益，实际上存在利益的共同点。

遵循合作的原则，首先，要求谈判者采取诚挚和坦率的态度对待谈判，即以诚待人，以信取人。坦诚相见并不等于和盘托出我方所握有的一切信息和资料。要根据谈判的进展情况，以及对方的态度来确定己方的开放程度。其次，谈判者要努力了解对方的真正意图及目标，并给予理解和尊重，这并不等于承认和接纳对方的意图和目标，谈判者通过认真地倾听、客观地判断、正确地理解，目的是寻求多方面的互利选择，扩大合作的空间。再次，谈判者要学会合理的让步。在谈判中，索取和让步同时存在。如果只强调索取，而没有让步的意识和实际行动，很难实现合作，获得谈判成功。谈判者要学会合理的、艺术性的让步。例如，让步要超过感觉阈限、让步步骤要具有降低对方期望值的效果、在不重要的方面让大步等。最后，谈判者要通过发散和创造性的思维，从分歧和矛盾中跳出，寻找和创造出新的利益共同点，形成多角度的互利选择。

四、利益均衡原则

坚持利益均衡原则，就是要在国际商务谈判中以考虑双方的利益均衡为基点，把双方的注意力放在寻求整体利益的均衡上，避免在立场问题上僵持不下。立场，是指人们在认识和处理问题时所处的地位和所持的态度。立场一旦形成，往往不易改变，当事人会坚持和捍卫自己的立场。在国际商务谈判中，双方存在着不同的立场和利益。两者之间既有联系又有区别。立场与利益的联系主要表现在：商务谈判中产生的立场往往是以利益为基础的。例如："我认为1200美元的报价已经是合理的价格了，我不会再做任何让步了。"这是向对方表明你的观点和立场。这种立场是以价格（利益）为内容的。商务谈判中的立场与利益也存在很大的区别：立场往往是站在己方角度考虑问题，一旦出现不同立场，双方之间的分歧会很大。立场一经确定往往不能轻易改变，所以，国际商务谈判一旦陷入立场争执，往往会在该立场中愈陷愈深。你会坚持你的立场，向对方多次表明你是不可能改变的；你会把一切重心放在维护你的立场上，而忽略了对方的利益和合理的建议；你甚至会把立场与你的自尊、颜面混为一体，为了你的自尊而战。这样，一场谈判会陷入无休止的争执中，很难协调。立场往往涉及单一问题。比如，价格很高，我们肯定无法接受；支付条件不在我们公司的惯例之内，不予考虑等。由于立场的单一性，往往缺乏商讨的灵活性和弹性，使立场协调更加困难。因此，一味坚持立场的谈判会产生不明智的协议，或是降低谈判的效率。最主要的是会影响双方的关系，使谈判气氛恶化，最终导致谈判破裂。因此，谈判者在谈判中应该尽量避免在立场上僵持不下，避免使用那些明显地表明自己立场的词语，诸如"我的观点是……" "我的立场是……"等。要把注意力放在利益的协调上，尽可能扩大利益选择的空间。

相对于立场，利益就不同了。由于利益必须通过对方来满足，所以，需要考虑双方的接受强度，这样，利益分歧不会像立场一样大。利益目标往往具有最大期望值和最低目标，因而具有很大的伸缩性和弹性，可以通过讨价还价来协调一致。而且，一场商务谈判所涉及的利益点是多方面的，谈判者只要不把利益当成立场来坚持，总能在多方利益中寻求平衡，实现整体利益的均衡。谈判中各参与方对利益分歧应该从大局出发，努力实现共同利益的最大化。能够进行商务谈判，意味着谈判各方首先有共同利益，但与此同时也存在分歧。在谈判过程中各方逐步增进理解，对于存异能够包容，尽量求大同而存小异，运用灵活机动的谈判策略，通过妥协寻求协调利益冲突的解决办法，构建互利共赢的局面。

五、人事分开原则

把人与事（问题）分开，是指在国际商务谈判中，要把对谈判对手的态度和意见与对所要讨论的事情或问题的态度区分开来。国际商务谈判的主体是人，但由于受不同风俗文化背景的影响，国际商务谈判中的谈判对手具有不同的价值观、不同的谈判风格和不同的行事特点。每个谈判者对待事物都有自己的观点、看法、价值观、情感和态度等，这些组成了谈判者的个性特征。谈判者上述特征有些是我们所习惯的和认可的，有些是我们所不习惯的，这样势必要影响我们对对方的态度和情感。因此，在谈判中，谈判者行为既受企业和谈判小组的谈判目标的约束，又受谈判者自身的个性特征的影响。在具体谈判中，谈判者不仅会对所讨论的问题产生意见和看法，也会对谈判对手形成评价和态度。在谈判过程中，当双方都对对方形成喜欢、满意等肯定的评价和态度时，就会建立一种相互信赖、理解、尊重和友好的关系，我们也称之为建立起了一种良好的谈判气氛。在这种谈判气氛中，由于双方感到心情轻松愉快、没有压力和对抗，每个人的精神状况非常好，即使一场谈判时间很长，都不会感到疲惫，从而提高了谈判效率。而且，由于双方彼此信任、理解和合作，无论哪一方提出的条件和建议，由于对方都能够客观地针对问题本身进行认真分析、仔细思考，不带个人成见地提出己方的意见，往往使问题能够得到合理的解决。但是，有时也会使我们由于喜欢对方而随意做出让步，牺牲了公司的利益。

在谈判中，当我们形成不喜欢对方、厌恶对方等否定的评价和态度时，久而久之，双方之间就会更容易出现互相抱怨、互相指责、互相对抗的意气之争，形成一种紧张对抗的谈判气氛。在这种谈判气氛中，每个人都会把焦点更多地放在如何攻击对方的谈判者上，为对方的谈判者设置各种障碍和困难，对对方的条件和建议横加指责，一概否定（即使对方的条件是合理的）。在这种情况下，会导致谈判中火药味十足，彼此伤害对方的自尊和情感，对解决实质性问题没有任何帮助，导致谈判拖拖拉拉，每一个谈判者的精神紧张、疲意，对谈判失去信心，最终可能导致谈判破裂。

遵循把人和事（问题）分开的原则，可以使我们理解、宽容或忽略对方的某些个性特征，而把谈判的焦点集中到核心问题上，减少个人情感、成见对谈判的影响。真正做到把人和事（问题）分开，要求谈判者做到：

（一）加强自身修养

一个好的谈判者，要形成一种正确对待人和事物的素养，在日常工作与生活中，时时培养自身不受个人情感、好恶的影响，不受他人情绪、态度的影响，客观公正地看待和处理各种事物。

（二）正确理解对方

当对方提出某项方案、建议和条件时，先是要认真仔细地倾听，正确了解对方的观点和看法。然后尽可能地站在对方的立场上，去考虑一下对方为何提出这个建议或要求。这样，避免了因主观猜测而造成的对对方的不满和反感，产生紧张对立的气氛。

（三）客观阐述问题

遵循把人和事（问题）分开的原则，要求我们不仅要认真倾听并理解对方的观点，还需要客观地阐述自己的观点。因为理解对方的方案或建议并不等于完全同意，我们会就对方提出的方案和建议发表我方的观点和意见。在阐述的过程中，如果我们用一些诸如："贵方如此注重自己利益，是否考虑到我方的利益呢""你们把有技术问题的设备卖给了我们，我们的损失要由你们负责"等的词语来指责、抱怨对方，往往会引起对方的反击："你们出的价格能买到这样的设备就不错了"。随后，谈判会陷入无休止的人身攻击和对抗。要避免这种情况发生，谈判者在阐述自己的观点和意见时，要尽可能阐述客观情况，用事实和数据来加强论证。比如："这套设备价格较高。这样，我们引进这套设备的收益将大大减少，获益太少将影响我们引进设备的信心。""这套设备价格虽然很高，但是先进程度是一流的。能使贵方降低成本，增强产品竞争力。另外，我方研制、生产设备的成本利润也是经过比较客观计算的。"上述双方的讨论都客观地围绕设备本身的特点和问题，而没有去指责、攻击对方谈判人员。这样，才不会陷入人与人的意气之争中。

（四）共同提出提议

由一方单方面提出的建议和方案，往往会招致对方的疑虑，例如：此方案是不是只考虑了他们的利益，没有考虑我们的利益；或者他们把某些立场、观点强加于我们头上，如果我们没有任何意见而接受的话，就在气势上输给对方了。在这种情况下，另一方就会对方案和建议百般挑剔，拒不接纳。如果一项方案或建议是由双方共同提出的，至少另一方也参加到了方案的起草、修改中，双方就会都以一个积极的态度去解决所面临的问题。要使对方参与到方案的提出和确定过程中，可以采用询问的口吻来提出一项提议。比如，"我们先商讨确定一下谈判议题的顺序好吗？""可以，我们先来确定数量和包装，然后再讨论价格，你看行吗？"当以一种协商的口吻来提出方案时，双方都会自然而然地加入到方案的形成和确定中。这种方案或提议由于双方都认为是自己提出的，往往会很容易被接纳。

要使对方参与提议，可采取询问对方建议的形式，把对方有建设性的意见写进提议中，并给对方的想法、观点以尽可能的称赞。如果能使对方觉得他在提议中起到了主要作用，他就会把提议看成是自己的，会掺入个人感情，进而对方不仅更容易接受提议，甚至还会出现维护提议的行为。

（五）调节双方情绪

在国际商务谈判中，谈判者不可能不带任何情绪和偏好。作为谈判者，要善于调节双方的情绪，尽可能避免个人情绪影响到谈判者的客观判断。首先，谈判者要时刻体会、监督自身的情绪：我的情绪现在处于什么状态？我对对方是不是非常不满或厌恶？我是不是很激动，并且已经表现出来了？我是不是开始对对方进行人身攻击了，等等。当意识到自己的情绪不稳时，应该及时调整，或者进行深呼吸，或者暂时不要发言，或者看看或做做记录，或者宣布休会，等等。其次，谈判者要善于观察、捕捉对方的情绪变化。对方的情绪变化可以通过面部表情、体态姿势和语气用词等表现出来。当发现对方出现情绪激动，产生不满、愤怒等消极情绪时，我们可以通过沉默和倾听表现出我们的忍耐和宽容，让对方充分发泄，逐步弱化对方的消极情绪，我们也可以通过幽默语言来扭转消极情绪，还可以通过休会、共同就餐、一起娱乐等来转化消极情绪。最后，切忌对情绪性宣泄做情绪性反应。情绪会引发更激烈的情绪，这是非常危险的。在这里应该掌握"错位发泄"的技巧，即当一方发泄时，另一方即使有多么强烈的情绪，也不能同时发泄。只有当对方发泄完了，才被允许发泄。

六、扩大利益原则

按照传统分配思维模式，谈判双方共同分蛋糕，一方得到的越多意味着另一方得到的越少，但现在的谈判理论认可的是谈判双方可以共同把蛋糕做大，这样双方都可以得到比原来设想的更多的蛋糕。从"赢—亏"思维模式到"赢—赢"思维模式的转变，意味着我们将会有更多的互利选择，从而实现共赢。

在谈判中双方首先应该一起努力扩大共同利益，也就是我们常说的"把蛋糕做大"。再讨论划分各自分享的利益比例。谈判的成败在很大程度上取决于能不能把蛋糕做大，通过双方的努力降低成本、减少风险，使双方的共同利益增多，这将使双方都有利可图，扩大双方的整体利益。另外，现实中的总体利益是客观存在的，而发掘这些现实存在的潜在利益需要双方的合作。在谈判中，为了扩大双方的总体利益，有时会遇到对传统做法的挑战。当然，对涉及双方的基本原则和立场一般不容易作出让步，但对一些传统的规定是可以通过谈判予以调整的。

其实，可以把蛋糕做大的方法比比皆是，比如，降低风险，扩大双方利益而不减少我方利益；扩大我方利益而不减少对方利益；增加部分开支，而使利益的增长幅度超过开支的增长；减少部分开支，而使利益的减少小于开支的减少。这些方法都是通过谈判者周到全面地分析了经济、技术、金融、贸易等条件后才能找到的，而这些方法的综合平衡要通过对项目各种条件做出定量分析和系统概括后才能达到。国际商务谈判中，如果把一些主要方面的原则先确定好，然后通过双方的努力把"蛋糕"做得足够大，那么利益及其划分问题就显得相对容易了。

七、客观标准原则

所谓客观标准，是指独立于各方意志之外的合乎情理和切实可用的准则。在谈判中双方因坚持不同的标准而产生分歧时，用独立于各方意志外的合乎情理和切实可行的标准有助于达成协议或者完成商务合同的签订。常见的客观标准包括一些现成的惯例、通则以及行业标准或者道德准则，也可以是由权威机构提供或作出的各种数据、资料、鉴定和研究报告，还可以是双方共同商讨形成的客观标准。

坚持客观标准首先要清楚了解客观标准的内涵。不同国家、不同行业会有不同的客观标准，因此谈判各方要进行协商，以确定共同认可的标准。如果双方无法确定哪个标准是最合适的，那么可以寻找一个共同认可的第三方提供一个解决争端的标准。在谈判中坚持客观标准有助于双方和睦相处，冷静而又客观地分析问题，克服建立在双方意愿基础上的让步所产生的弊病，达成一个明智而公正的协议，让双方都感到自己利益没有受到损害，从而积极有效地履行合同。

在谈判中坚持客观标准要注意以下几点：

（一）标准的公正性

标准的公正性是指在没有屈服于任何压力下形成或确定的，不偏袒任何一方。一方迫于另一方压力而形成的标准，一方在欺诈、隐瞒等情况下诱导对方认可而形成的标准，双方在非理性的情况下形成的标准，非权威机构做出的鉴定等，由于有失公正，往往并不能真正地解决问题。因此，为使客观标准真正能够起到作用，标准的公正性首先要得到保证。

（二）标准的普遍性

标准的普遍性是指该标准被广泛地使用，并得到公认。偶尔使用的标准由于没有得到大量的验证不具备普遍性；只适用于某些特殊事物、特殊情境的标准也不具备普遍性。不具备普遍性的标准，其客观性和适用性一般也很难确定。但是，针对一些特殊的交易标的物，如特制设备、创新性产品等，由于没有普遍使用的标准，需要双方参考现有的相关标准，商讨确定一个共同认可的标准，让大家都有执行的积极性。

（三）标准的适用性

标准的适用性是指能够最好地、最客观地解决实际问题的标准。国际商务谈判中，面对一个议题可能有多个标准。例如，产品的交易价格，既有国际市场价格，也有国内市场价格。当进行国际贸易时，国际市场价格更具有实用性，双方应该参照国际市场价格，考虑到交易费用等，来确定最后的交易价格。当双方都认为己方提出的标准是最适用时，就需要双方就客观标准进行商讨。如果通过商讨也无法确定哪个标准是最适用的，那么，比较好的做法是找一个双方认为是公正的"第三方"，由其来建议使用哪一个标准。

八、阅读合同原则

现在由于都是用计算机打印合同，如果合同中有需要改变的地方，我们只需要直接在计算机上进行修改，然后再重新打印出一份新合同即可。但这样就会存在危险：谈判人员原本可能拒绝在合同的某一项条款上签字，对方同意改变这项条款，并表示他们会寄回一份更改过的合同以供签字使用。当新合同送达时，由于手头上的事情很多，谈判人员没有时间阅读整份合同，而只是匆忙审阅一下修改部分，这时候很有可能就会没有注意到合同中的其他一些细节是否被改变。也许这些内容是在比较显眼的地方，例如，把"FOB工厂价"改成"FOB工作场地价"，也许它可能只是文字上一个很微小的变化。直到事后出了问题，需要对这份合同采取一些措施时才被发现。有些人会认为像这样偷偷篡改合同内容的欺骗行为应很少出现，但令人吃惊的是，调查数据显示，20%的谈判人员表示遇到过类似的情况。

一些合同可能长达几十页，以下提示也许有助于谈判者应对这种情况：

（1）把两份合同举到灯光下，看是否相互重合。

（2）把新合同扫描到计算机里，用文字处理软件比较新旧两份合同。

（3）用文字处理程序查找所有的更改，打印合同的最后版本，但一定要注意查看进程中的所有变化，尤其是如果后续要进行深入谈判，合同需要在磁盘或E-mail之间传输时推荐这种做法。

九、合理合法原则

在进行商务谈判时，合法是第一位的。合理合法原则是指在商务谈判及合同签订的过程中，必须遵守国家法律、法规和政策，对于国际商务谈判，还应当遵守国际法则并尊重对方国家的有关法规、惯例等。在国际商务谈判中，由于双方所处国家的法律制度通常都存在着差异，有时差异还很大，这就要求谈判人员在使用语言和书面文字时要考虑法律后果。一方面应符合我国各种层次和类型法律中的有关规定，不能做出有损我国法律权威的原则性让步；另一方面，做出的一切承诺均应在法律所允许的范围内，谈判的协议文件必须经由熟悉国际经济法、国际惯例和涉外经济法规的律师进行细致的审定，一切语言、文字应具有各方一致承认的明确的合法内涵，以免因解释条款的分歧，导致签约后在执行过程中发生争议。

遵守法律原则是指商务谈判活动达成的协议只有在商务谈判中遵守各项法律、法规与政策，谈判形成的协议(合同)才具有法律效力，受法律保护。

商务谈判的遵守法律原则，具体体现在以下四个方面：

一是谈判主体合法，即有权参加谈判的各方当事人具有合法的资格，这是参加谈判的前提条件。对于具有谈判资格的合法当事人而言，可以选择亲自出面参加磋商，表明自己的意见，也可以选择委托其他专业人士代为参与谈判。

二是谈判内容合法，即谈判所要商讨的具体交易项目具有合法性。如果谈判从事的是非法交易，那么，此种谈判即是非法。而非法谈判交易项目不但受到法律禁止，还要受到法律的制裁。如买卖毒品、贩卖人口、走私货物等，其谈判显然违法。

三是谈判方式合法，即应通过公正、公开、公平的手段达到谈判目的，而不能采用某些不正当的方式。如果使用欺骗暴力、贿赂等法律法规以及公众利益不允许的手段达成结果，其结果不受法律保护，并会追究相关参加谈判人员的责任。

四是谈判结果合法，即商务谈判过程中达成的协议或签订的商务合同必须合法。商务谈判结果的表现方式无论是采取合同方式还是采用其他的方式，在内容、条款等方面都必须符合法律的规定，不应当与其发生冲突。签订的合同只有符合法律法规，具有法律效力，才能保证谈判主体的利益。

总之，只有在商务谈判中遵守法律原则，谈判及其协议才具有法律效力，各方当事人的权益才能受到法律的保护。国际商务谈判还要充分考虑国家之间的文化差异、社会经济差异、企业之间的差异，使谈判符合所在国的文化等特点和要求。国际商务谈判要在一个国家中获胜，必然需要一批熟悉该国政治、经济、文化、法律、风土人情的人才，使谈判行为符合该国的国情，有时重金聘请本土化谈判人才也是国际商务谈判取胜的利器之一。

十、灵活机动原则

灵活机动原则主要体现在国际商务谈判过程中对多种谈判技巧的灵活运用。谈判过程是一个形势不断发生变化的过程，需要谈判人员不断组织思考，灵活运用各种谈判技巧，做到知己知彼，以掌握的相关知识经验猜测对方的想法计策，同时找到自己在谈判中的立足点与实现利益的方式方法，使自己在谈判中始终占据比较有利的位置。在整个谈判过程中，在不放弃自身重大原则的前提下，如何根据不同的谈判对象、市场竞争情况、销售意图采用灵活的谈判技巧、促使谈判成功是商务谈判人员需要着重思考的问题。一方面，谈判进行过程中，如果遇到对手的交易条件与我方的预定方案相比对我方较为有利时，我方应适时提高交易条件以争取获得更大的利益。另一方面，谈判中在不放弃一些重大原则的前提下，对如何谋求双方的一致以实现整体目标，还需要一定的灵活性。特别是要根据不同的谈判对象及不同的环境和条件，因事、因地、因人制宜地变更谈判策略，以实现最后的目标。

■ 案例阅读 2-2

中日电石购买谈判

日本某公司向中国某公司购买电石。此时，是他们间交易的第五个年头，去年谈价时，日方压了中方30美元/吨，今年又要压20美元/吨，即从410美元/吨压到390美元/吨。据日方讲，他已拿到多家报价，有430美元/吨，有370美元/吨，也有390美元/吨，并且双方之间有长远合作，要求让步。据中方了解，370美元/吨是个体户报的价，430美元/吨是生产能力较小的工厂供的货，供货厂的厂长与中方公司的代表共4人组成了谈判小组，由中方公司代表为主谈。谈判前，工厂厂长与中方公司代表达成了价格共同的意见，工厂可以390美元/吨成交，因为工厂需订单连续生产。公司代表讲："对外不能说，价格水平我会掌握。"

公司代表又向其主管领导汇报，分析价格形势。主管领导认为价格不取最低，因为我们是大公司，讲质量，讲服务。谈判中可以灵活，态度温和，但利益最重要，步子要小，若在400美元/吨以上拿下则可成交，拿不下时把价格定在405~410美元/吨之间，然后主管领导再出面谈，请工厂配合。中方公司代表将此意见向工厂厂长转达，并达成共识与工厂厂长一起在谈判桌上争取该条件，中方公司代表为主谈。经过交锋，价格仅降了10美元/吨，在400美元/吨成交，比工厂厂长的预期成交价高了10美元／吨。工厂代表十分满意，日方也满意。

■ 思考分析

上述谈判过程中都涉及哪些谈判原则？

（1）中方把人和事分开，对人温和，但是对事讲求原则，不像让步型谈判那样只强调双方的关系良好而忽视己方利益的获取，也不像立场型谈判那样只坚持本方的立场，不兼顾双方的利益。

（2）谈判双方处于平等的地位，中方由于有竞争厂家，没有咄咄逼人的优势，而日方有多项选择，也没有软弱无力的退让。

（3）谈判中开诚布公而不施诡计，追求利益而不失风度。按照共同接受的具有客观公正性的原则和公平价值来取得协议，而不简单地依靠具体问题的讨价还价。中方的价格定位虽然比个体户高，但是他追求高质量，相应成本也不低，并没有虚高报价，而日方也坦言之前已经对价格做过了解，而不是在中方报高价之后斥责、比较。

（4）求同存异，争取双赢。中方在价格底线内做出让步，而日方综合考虑质量、服务而决定签约，互惠合作，最终双方都满意。

第三章

国际商务谈判准备阶段的注意事项

本章学习目标

1. 了解国际商务谈判的目标

2. 掌握国际商务谈判的信息收集内容和方式

3. 熟悉国际商务谈判的人员构成和模拟谈判

案例导入>> 20世纪80年代我国光冷加工的水平较低，为改变这种状况，国家决定为南京仪表机械厂引进联邦德国劳（LOH）光学机床公司的光学加工设备。南京仪表机械厂的科技情报室马上对劳公司的生产技术进行了情报分析。在与劳公司谈判时，劳公司提出要对我方转让24种产品技术，我方先前就对劳公司的产品技术进行了研究，从24种产品中挑选出13种产品引进，因为这13种产品技术已经足以构成一条先进完整的生产线。同时我方也根据对国际市场情报的掌握提出了合理的价格。这样，我国既买到了先进的设备又节约了大量的外汇。

谈判科学之父贾拉德·尼尔伦伯格有言："事先有准备的谈判者，最有成功的把握。"我国古代先哲们也曾提出"凡事预则立，不预则废""知己知彼，百战不殆"等至理名言。由此可见，在谈判之前做好准备的重要性。本章主要介绍国际商务谈判准备阶段的相关事宜。

第一节　确定谈判目标和对象

在整个谈判准备阶段中，首要任务就是先确定谈判目标。谈判目标的确定为接下来的准备工作定了方向。

一、确定谈判的主题

谈判主题是指参与谈判的目的，对谈判的期望值和期望水平。不同类型的谈判有着不同类型的主题。对于本次谈判的主题，双方都可以用一句话来概括，比如"达成长期合作""以最优惠的价格达成交易"等，因此双方都可以开诚布公地明确自己的谈判主题。谈判的目标则是谈判主题的具体化，整个谈判过程也是在谈判目标的框架下展开的。在实践中，一次谈判只为一个主题服务，因此，在制订谈判方案时要以主题为中心。

二、确定谈判目标

在确定谈判主题后，接下来便要将这一主题具体化，即制定出具体的谈判目标。谈判目标体现着谈判的基本目的，整个谈判活动都是紧紧围绕这个目标进行的，都是在为实现这个目标服务。因此，在确定谈判目标时要慎重，具体的目标可分为最高目标、实际需求目标、可接受目标、最低目标四个层次。

（一）最高目标

最高目标即最优期望目标，它是本方在谈判中的最高追求，也往往是对方所能忍受的最大限度。如果超过这个目标，可能会导致谈判的破裂。在谈判中，最高目标往往是非常难实现的，因为商务谈判是一个双方利益分配的过程，一方的要求不可能都得到满足，没有哪个谈判者会心甘情愿地把自己的利益全部让给他人，也没有哪个谈判者能在谈判中一直独占鳌头。所以在谈判中，谈判者要团结协作，充分发挥各自的优势才智，力求谈判结果尽可能地靠近最优期望目标。

（二）实际需求目标

实际需求目标是指谈判双方根据主客观因素，考虑到各方面的情况，经过科学论证、预测核算、纳入谈判计划的谈判目标。这是谈判者真正需要实现的目标，它有如下四个特点：

（1）实际需求目标是谈判人员内部秘而不宣的机密。

（2）它是谈判者"坚守的最后防线"，如果达不到这个目标，谈判就会陷入僵局，无法继续下去。这时谈判需要暂停，以便谈判者小组内部商讨对策。

（3）实际需求目标一般由谈判对手挑明，己方这时则采取"见好就收"的策略。

（4）该目标关系到谈判一方的部分或全部经济利益。

（三）可接受目标

即可交易目标，是经过综合权衡、满足谈判方部分需求的目标，对谈判双方都有较强的驱动力。在谈判实战中，经过努力可以实现。但要注意的是不要过早暴露，以防被对方否定。这个目标具有一定的弹性，谈判中都抱着现实的态度。它有如下三个特点：

（1）是谈判人员根据各种主客观因素，经过科学论证、预测和核算之后所确定的谈判目标；

（2）是己方可努力争取或做出让步的范围；

（3）该目标实现意味着谈判成功。

（四）最低目标

最低目标是谈判的最低要求，是商务谈判必须实现的目标，也是谈判方的机密。如果不能实现这一目标，那也就没有继续谈判的必要，谈判往往会以破裂告终。最低目标的设置，可以为谈判者带来心理安慰，因为一味地追求最高目标，往往会使谈判陷入僵局，不利于谈判的顺利进行。

三、优化谈判目标

在确定谈判目标的过程中需要进行主要利益和次要利益之间的平衡和协调，一次谈判可能涉及谈判双方多方面的利益，谈判者希望通过谈判获得的利益往往也是多层次和多方面的。谈判所涉及的利益与问题有轻重缓急之分，还有相互平衡和制约的因素。因此谈判者就应全盘考虑自己的利益得失，确定哪些利益应当首先得到满足，在哪些问题上可以做出让步以实现利益交换。谈判目标的确定过程是一个不断优化的过程，目标的确定要经过反复的对比分析推敲。对于多个目标必须进行综合平衡，用对比、筛选、剔除、合并等手段减少目标数量，确定各目标的主次和连带关系，使目标之间在内容上保持协调性、一致性，避免相互矛盾。

■ **案例阅读 3-1**

如何巧妙地引进国外生产线

为改变我国光冷加工的水平，国家决定为南京仪表机械厂引进联邦德国劳（LOH）光学机床公司的光学加工设备。南京仪表机械厂的科技情报室马上对劳公司的生产技术进行了情报分析。在与劳公司谈判时，劳公司提出要对我方转让24种产品技术，我方先前就对劳公司的产品技术进行了研究，从24种产品中挑选出13种产品引进，因为这13种产品技术已经足以构成一条先进完整的生产线。同时我方也根据对国际市场情报的掌握提出了合理的价格。这样，我国既买到了先进的设备又节约了大量的外汇。事后劳公司的董事长R.柯鲁格赞叹道："你们这次商务谈判，不仅使你们节省了钱，而且把我们公司的心脏都掏去了。"

第二节　商务谈判的信息收集

一、谈判信息收集的重要性及原则

（一）谈判信息收集的重要性

商务谈判的信息一般就是指与谈判活动紧密相连的各种相关信息。这些信息包括：（1）谈判当事人即主体的相关信息，如当事人的职业、年龄、性格、社会阅历等；（2）影响谈判进程或结果的各种客观环境，如国家的政策法规、贸易惯例、风俗习惯等；（3）与谈判标的相关的信息，如商业行情及对方的经营情况，包括商品的销售现状、质量、技术水平等。

信息的收集与准备是商务谈判工作中至关重要的一部分，是影响商务谈判成败的重要因素。俗话说："知己知彼，百战不殆"。只有掌握好一手信息，才能为谈判打好基础，才能在谈判过程中利用所得信息及时采取相应的措施。

（二）谈判信息收集的原则

在现实信息社会中，信息具有数量大、更新快、种类多、来源广、真假难辨等特点。企业想要收集到有用的信息，除了选择合适的收集渠道外，遵守一定的原则也是十分重要的。

1. 实效性原则

信息都是在不断地更新变化着的，且信息价值的大小在很大程度上是取决于这些信息能否及时送到接收人手中。谈判者只有掌握最新最及时的信息才能充分发挥信息对谈判的作用。

2. 系统性原则

谈判信息是一个体系，即它是由若干个具有特定内容和有相关性质的谈判信息所构成的彼此联系、相互作用、相互制约的信息体。收集的信息越全面，越有利于对问题进行全面认识与把握。且随着客观环境的变化，制约和影响谈判活动的因素总是呈现出错综复杂的情况，所以谈判信息不应只是收集事物的一方面，而应当是多侧面、多层次、多时段的信息。

3. 目的性原则

收集信息是为人们服务的，而人类的一切活动都是有意识、有目的的活动。这一点反映在商务谈判上即是谈判信息的收集是为了解决谈判过程中遇到的某些问题而进行的一项准备活动。因此信息的收集要有目的性、有针对性，没有针对性，漫无目的地寻找信息既不能给谈判活动带来效益，也不能带来相应的企业利益，反而会给企业和谈判人员造成不必要的时间浪费。所以信息的收集要有一定的收集目标和范围，要有针对性地进行收集。

4. 经济性原则

信息的收集需要投入一定的人力、物力、财力。信息的经济学原则要求我们要考虑信息收集的投入产出比，要求我们在保证收集工作质量的前提下，力求用尽可能低的投入获得更多的产出，即收集到足够多的能满足谈判活动需要的信息。

二、谈判信息收集的内容

从某种意义上说，商业谈判就是谈判的双方进行的情报博弈。在这场博弈中起重要作用的因素不仅仅是谈判者的口才和素质、公司的实力地位，更重要的是各自所掌握的相关情报。谈判信息收集的主要内容有政治法律信息、有关谈判对手的资料、市场信息、科技信息、金融方面的信息等。

（一）政治法律信息

1. 相关国家的政治经济状况

在商务谈判前，谈判人员应当首先对影响本次交易的政治、经济形势，特别是双方国家的政治、经济形势的变动情况进行周密的调查研究。要了解对方国家或地区的有关经济政策和经济合作相关法律法规，以及与本国的政治关系等。掌握这些方面的信息对于促成双方的交易成功有重要意义，同时也有助于针对一些可能出现的问题采取相应的防范措施。

2. 谈判双方国家对谈判内容的法律规定

不管是国内贸易还是国际贸易，了解相关的法律法规都是必要的。这是因为法律所规定的是当事人作为与不作为的界限，是企业经营合法或不合法的依据。因此在商务谈判前，谈判人员应尽量多掌握一些与本次谈判有关的法律法规的具体内容及其变动情况的信息，以供谈判时使用。

3. 相关国家或地区的各种关税政策

需要了解相关国家或地区的各种关税税率，例如进口税、出口税、差价税、过境税等。除此之外还要了解关税的税则以及征税方法方面的相关信息。

（二）有关对手的资料

在谈判之前，对自己谈判对手的情况资料进行收集与分析是至关重要的。与一个自己毫不了解的对手进行谈判，其困难程度和风险程度可想而知。对手资料的收集主要包括：

1. 对手公司的经营状况以及财务状况

了解对手公司的经营状况和财务状况的目的主要是分析其总购买能力中有多少具有现实支付能力、能否长期建立贸易关系、买卖的规模有多大等。经营状况指的是产品的生产、销售等有关经营方面的状况。了解对手公司的经营状况是必不可少的，这是因为即使对方是一个注册资本很大的公司，如果其经营管理不善，也会变得负债累累，甚至破产。对方公司经营状况信息的收集内容主要包括其产品的畅销程度、消费者反映、市场占有率、开发新产品的能力、经营管理的科学性、领导者的业务水平、企业内部的凝聚力等。

一般情况下，经营状况良好的企业财务状况也较好。但是两者又有差异，在调查时一定要尽可能详细地收集信息，分析比较。

2. 对手商业信誉情况

商业信誉指的是在同行业中，由于企业经营管理处于较为优越的地位，能够获得高于一般利润水平的能力而形成的一种价值。想要了解对手的商业信誉可以调查它的产品质量、产品技术标准以及技术服务、公司的商标及牌号等。

3. 对手的谈判风格

谈判风格是指谈判者在谈判过程中所表现出来的一贯作风，不同国家的谈判者有不同的谈判风格。例如美国人在谈判时干脆利落、追求实质利益，他们重视合同，具有很强的法律观念；德国人比较严谨，在谈判前往往会做好充分的准备，他们非常讲求效率，计划性强，时间观念强；日本人注重团队意识，内部分工明确，比较看重人际关系。不同国家有不同的谈判风格，在谈判前需要了解对手的谈判风格，以便在谈判中灵活变通。

（三）市场信息

市场信息的内容很多，主要包括市场状况、消费需求状况、产品状况等信息。

1. 市场状况

要了解该产品的国内外市场的分布，即该产品的市场分布情况、地理位置、运输条件、经济条件等。此外还要了解国家对该行业的政策倾向，以及开拓潜在市场可能性问题。了解这些目的在于判断该产品的发展前景，由此确定长期、中期及短期的销售发展计划，这有利于谈判目标的确立。

2. 消费需求状况

消费需求状况包括：消费的总需求量、总供给量，以及两者发展变化的总趋势；消费者忠于某一特定品牌的期限是多久，以及消费者忠于品牌的因素、原因和条件；影响消费者购买行为的社会现实因素、文化因素、心理因素、家庭因素等；消费者一开始使用某一品牌的条件和原因；产品（资金或劳务）实际需求量、潜在需求量、本企业产品的市场占有率和市场覆盖率及市场竞争形势对本企业销售量的影响等。

3. 产品状况

产品状况信息的收集要从它的销售状况和竞争状况两个方面展开。如果是卖方，要调查本产品与其他企业同类产品或代用品的销售情况。如果是买方，则要调查此产品的销售情况，包括：该类产品过去几年的销售量、销售总额以及价格变动；该类产品的未来发展趋势；消费者对这一企业产品的评价及要求有哪些。调查产品的销售情况，可以让谈判者在大体上了解该产品的市场容量或销售量，有助于确定未来的谈判对手及产品销售（或购买）数量。

产品竞争方面的信息主要包括生产或购进同类产品或代用品的竞争者数量、规模与该类产品的种类；各主要生产厂家生产该类产品的市场占有率及未来变化趋势；各主要竞争对手能提供的售后服务方式，顾客与中间商对此服务的满意程度；各主要竞争者所使用销售组织的规模与力量；各主要竞争者使用的广告类型以及广告支出额等。

除此之外，对产品本身状况的调查也十分重要。这主要包括产品的结构、规格、质量、功能、数量、包装、运输、服务、信誉等。

4. 科技信息

这里所说的科技信息主要是指谈判内容有关的新技术、新工艺和新设计的信息。如果是卖方，科技信息的收集主要是用于制定更科学、更合理的价格以及其他相关交易条件。如果是买方，收集科技信息除了上述目的外，还往往关心两个问题：一是标的物的先进性，即要购进的产品在技术上要具备领先性；二是标的物的适用性，即购进的产品所含技术是否与购买企业本身的条件和社会经济发展水平相吻合，以便能够最大限度地创造经济效益。

三、谈判信息收集的渠道

信息收集的渠道有很多，大致可以分为以下几种：

（一）纸媒

纸媒是指传统意义上以纸张为载体的媒体，包括报纸、杂志、内部刊物和专业书籍等。纸媒中包含消息、图片、信息、数字等信息的重要来源。

（二）电波媒介

电波媒介主要是指广播电台、电视台等通过电波媒介收集的播放的新闻、报道、广告等信息，往往比纸媒便捷。

（三）专门机构

社会上有许多类似于银行、经济研究所、商品检验局、专利局、保险公司、行业主管部门等经济与非经济机构，这些机构掌握着许多企业需要的宏观微观信息，谈判者可到这些机构的官网查询相关信息，或亲自前往该机构查询想要的信息。国际商务谈判也可到驻外使馆商务处去查询资料或进行咨询。

（四）统计资料

统计资料主要包括各国、各地区、各部门、各行业和各个企业的各类统计月刊、年鉴和统计报表。收集和分析这些资料可以全面地了解相关事物的过去和现在。可以很好地对其发展前景作出科学的预测。

（五）互联网搜索

目前最便捷的信息搜索方式便是互联网搜索，互联网搜索也是最大的搜索渠道。通过互联网可以搜索到国内外各种信息，信息量庞大，所以假的信息也较多。因此，在用互联网收集信息时，要先判断信息的正确性，只有正确的信息才能为谈判者带来好的作用。

（六）会议

会议往往是信息收集的便捷渠道。商务谈判人员可以通过参加各类商务交易会、展览会、订货会等可直接进行商务谈判的会议、商务报告会、讨论会以及一些行政性会议，有效地调查获取商品的生产、流通、消费信息，以及市场趋势、竞争状况和发展前景等方面的资料。

（七）函电、名片、广告

函电、名片、广告的作用不仅限于贸易洽谈，它还是日常商品市场调研的工具。通过函电可以获取谈判人员所需要的销售信息、生产信息、价格信息等；名片对收集信息也十分有用，谈判者可通过名片媒介作用扩大商务、结交朋友、获取资料等；广告有时会涉及产品的产地、价格、电话、产品性能等，但是广告有时会夸大其词，通过广告收集信息时，要避免不实的部分。

■ 案例阅读 3-2

中日化工产品出口谈判

在某次交易会上，我方外贸部门与一家国外公司洽谈出口业务。在第一轮谈判中，国外客商采取各种招数来摸我们的底，罗列过时行情，故意压低购货的数量。我方立即中止谈判，收集相关的情报，了解到日本一家同类厂商发生重大事故停产，又了解到该产品可能有新用途。在仔细分析了这些情报以后，谈判继续开始。我方根据掌握的情报后发制人，告诉对方：我方的货源不多；产品的需求很大；日本厂商不能供货。对方立刻意识到我方对这场交易背景的了解程度，甘拜下风。在经过一些小的交涉之后，接受了我方的价格，购买了大量该产品。

第三节 谈判人员的准备

我们经常听到有些谈判者会讲"生意不成，仁义在"，足以看出谈判者对人员因素的重视。谈判人员是商务谈判的重要构成要素，选择谈判人员，组织好谈判队伍是商务谈判准备阶段必不可少的工作。良好的谈判组织有利于发挥组织的潜在协同效应，提高谈判的效率。因此，要高度重视谈判人员的选择。

一、商务谈判人员应具备的素质

谈判人员的素质对谈判十分重要，它是筹备和策划谋略的决定性主观因素，也是谈判成败的关键所在。一个合格的谈判人员应具备的素质有以下几点。

（一）思想品德素质

在国际商务谈判中，谈判人员必须遵纪守法、廉洁守法、维护国家和公司的利益。除此之外，谈判人员还应有不谋私利、尊重他人、平等待人、谦虚、敢于承担责任等良好品德。

（二）业务素质

谈判人员应具备良好的专业基础知识，以及熟悉此次谈判所涉及的有关专业知识；谈判人员应受过一定的商务谈判技巧的训练，或有过谈判的经验；商务谈判人员还应有良好的沟通能力，能够熟练地运用口头、书面、动作等语言和非语言表达方式，能准确地向对方表明自己的意图，达到说服和感染对方的目的，具有良好的商务判断力，能找出造成双方分歧的症结所在；谈判人员还应具有广泛的阅历，灵活的思维，能够根据谈判实际情况灵活运用谈判策略，促使谈判成功。

（三）心理素质

谈判人员应具备耐心、毅力等基本的心理素质。这是因为有时谈判就像一场马拉松，历时很长，或者对手故意拖延时间以试图消磨我方的意志。这时需要我方谈判人员能够有耐力和毅力来对付这种情况。此外，谈判人员还应具备成熟而稳定的心理品质，这是谈判人员在谈判过程中应对压力、处理僵局、正常或者超常发挥自身能力的重要精神保障，能承受矛盾及晦暗不明的压力。拥有成熟而稳定的品质有利于谈判人员遇事时能够临危不乱、处事不惊，能够顺利不自满，挫折不气馁。

（四）知识素质

通晓相关专业知识是任何一个以商务活动为职业的人员开展工作的基础，这对于一个谈判人员来说也不例外。一般来说，谈判人员除了要具备国际贸易、国际金融、国际市场营销这些专业知识外，还应把握心理学、经济学、管理学、法学、会计学等学科。

谈判是一个需要与人沟通协商利益关系的活动，这要求谈判人员在与对方"斗智斗勇"过程中，必须要有一个合理的知识结构。合理的知识结构是指谈判人员在知识结构的组合上，既有精深的专业知识和广博的基础知识，还能将自然科学的精确性、逻辑性与社会科学的实用价值结合起来。

（五）谈判技能素质

谈判人员应掌握的技能主要表现在：谈判人员要具备一定的运筹能力，能着眼于大局，有一定的计划能力；要懂得社交，有一定的社交能力，即能在人际交往过程中，掌握谈判对手的心理、性格、态度、意向、策略、经验等的能力；能够通过面对面的沟通更深刻地了解和认知对手，以便能够在谈判中更好地运用语言技巧以及把握谈判进程；谈判人员应具有丰富的想象力，勇于创新，能够在谈判中提出新思路、新模式。

（六）礼仪仪态素质

礼仪是人们自身知识、修养与文明程度的综合表现，是一个人修养的反映，它是商务谈判中影响谈判气氛与进程的一个重要因素。因此，在谈判前要了解谈判对手的文化背景和风俗习惯，在谈判时要注重礼仪，尊重对方的习惯、礼仪等。同时谈判时举止要大方，做到不卑不亢、有理有节、互相尊重、友好协商。

二、商务谈判人员的构成与分工

每个谈判人员除了要具备上述素质外，还要能够协调于整个谈判组织中，发挥各自的优势，互相配合，以整体的力量征服谈判对手。谈判组织中成员各有各的分工，他们一般分为三个层次：

（一）第一层次人员

第一层次的谈判人员是谈判的领导人，即谈判首席代表。他是谈判所有人员的全权负责人，是关系谈判成败的关键人员。任何一个谈判组织中都要有一个首席代表，他应是由组织中最具有专业水平的人担当，并非一定要是职位最高的人。谈判首席代表的职责有：负责精心挑选安排小组其他成员、组建谈判班子；按照谈判成员的长处合理安排其职责，协调各成员之间的关系及言行；制订谈判计划、目标、策略等；监督谈判程序、掌握谈判进程；协调各成员的意见、听取专业人员的说明、建议；决定谈判过程中的重要事项；代表企业单位签约；负责请示和传达上级主管部门或负责人的指示；落实执行谈判情况，汇报谈判工作等。

（二）第二层次人员

第二层次的谈判人员是由专家和专业人员组成，一般分为：

（1）商务人员。商务人员应由熟悉商业贸易、市场行情、价格形势的贸易专家担任。他主要负责价格的谈判、拟订合同中商务条款相关部分，及负责经济贸易的对外联络工作。

（2）技术人员。技术人员应由熟悉生产技术、产品标准和科学发展动态的工程师担任。技术人员必须对合同技术条款的完整性、准确性负责，除此之外技术人员在把主要的注意力和精力放在有关技术方面的问题上的同时，必须放眼全局，从全局的角度来考虑技术问题，并尽可能地为后面的商务条款和法律条款的谈判创造条件。

（3）法律人员。法律人员应由精通经济贸易相关法律法规和法律执行相关事宜的专职律师、律师顾问或本企业中熟知法律的人员担任。他的主要职责是对合同条款的合法性、完整性、严谨性进行把关。

（4）财务人员。财务人员应由熟知财务会计业务与金融知识，具有较强的财务核算能力的人担任。其主要职责是对谈判中的价格核算、支付条件、支付方式、结算货币等一系列与财务有关的问题把关。

（5）翻译人员。在国际商务谈判中，翻译人员是非常重要的存在。其职责是在谈判过程中现场翻译，促进谈判双方的沟通。

（三）第三层次人员

第三层次的人员是指谈判必需的工作人员，如速记或打字员，他们不作为谈判的正式代表，只是谈判组织的工作人员，他们的职责是准确、完整、及时地记录谈判内容，包括双方讨论过程中的问题，提出的条件，达成的协议，谈判人员的表情、用语、习惯等。

参加谈判人员根据谈判内容需要定，一般为1~4人。人数多可以给对方带来压力，但不足是人多难以协调，顾此失彼，主谈难以有效控制。人数少易于控制，精明强干，便于统一和协调，但面对涉及面广、持续时间长的谈判，小组成员会出现负担过重或出现人员短缺现象。

为了提高谈判效果还可组织台下班子进行配合，台上班子主要负责对付谈判及分析对方临时提供的技术价格资料，台下班子负责收集整理有关资料，为台上班子提供技术和价格谈判的依据。

■ 案例阅读 3-3

三洋电机公司采购真空管谈判

1950年4月，井植薰与其大哥合资2 000万日元成立了三洋电机公司，井植薰负责三洋的第一个主要产品——三洋收音机的生产。由于政府对收音机征收30%的高税，售价偏高，老百姓宁愿自己买零件装配，也不买成品，从而形成收音机销售数量下降的现象。井植薰认为，只要在如何降低成本上做文章，生产出质量上乘而又价格低廉的收音机来，销路肯定会打开。当时市场上收音机的售价在1万日元以上，并不旺销，其症结在于价格太高。井植薰计划把三洋收音机的价格控制在1万日元以内，以打开销路，抢占市场。

为此，首先要压低元器件的采购成本。由于三洋公司名不见经传，许多著名的元器件生产商都无意与三洋合作。井植薰就按自己的要求选择一些并不著名的元器件生产商，不求名牌，但求质量。他用自己的眼睛去观察那些尚未被列入名牌的零部件，按照自己的标准来选择制造商，解决了货源问题。没过多久，除真空管以外的大小元器件的货源均一一落实。

真空管是收音机的核心元件，它的质量直接影响收音机的性能，它的价格通常为700日元，一般约占收音机成品批发价的8%。当时，日本的收音机制造商都从专业厂家订货。一个五管收音机，真空管一项的成本就是3 500日元。井植薰找到了日本电气公司，与片岗总裁进行了买卖真空管的谈判。事前他做了许多准备，调查了许多真空管生产商的情况，计算出一般真空管价格约为收音机批发价格的8%。于是，他在谈判中向片岗总裁建议以比8%这个比例高2个百分点的价格向日本电气公司订购真空管。

"总裁先生，你们的真空管质量是最好、最令人信服的。我们现在正在筹备大批量生产收音机，需要很多的真空管。由于市场原因，我们的收音机价格暂时还属于商业机密，还不能告诉你，请你见谅。但是我们愿意以收音机批发价格10%的定价订购你公司的真空管，你觉得如何？"

接着，井植薰把自己的调查资料送到片岗总裁面前。不仅显示出了极大的诚意，更使对方对自己建立信任。片岗总裁从来没有碰到过这样以百分百比来确定价格的情况，鉴于10%比市场比例高，显然有利可图。片岗答应了这个定价方法，与井植薰就真空管订货达成了协议。井植薰采用的迂回作战的策略就是他并不直接杀价，而是以收音机售价的10%（比一般高2%）来购买片岗的真空管，巧妙地把收音机售价绕了过去。片岗也是个精明的商人，他接受了井植薰的条件，但也提出了不能把收音机价格定得太低的条件，并以真空管每套价格不得低于600元为限，这样双方才得以达成协议，真空管问题得以解决。

后来，三洋收音机的零售价订在8 000日元，批发价为6 000日元，按协议井植薰从新日本电气公司购买到低价真空管。1952年3月，三洋收音机以8 950日元的零售价进入市场，由于产品新颖、价格低廉、性能良好，很快就压倒了其他品牌的收音机，受到顾客的青睐。

第四节　模拟谈判

为了能够更直观地预见谈判场景，谈判小组可采取模拟谈判的方法来观察谈判现场效果，以便完善准备工作。模拟谈判可以帮助谈判者获得谈判实战经验，可以训练谈判者的应变能力，提升其应对困难的能力；通过模拟谈判，谈判者可以检验谈判方案是否周密可行，谈判方案是否完善，因为实践过程中突发的许多问题只有在正式谈判中方能得到真正检验，但这毕竟是一种事后检验，往往发现问题为时已晚。模拟谈判是对实际正式谈判的模拟，与正式谈判比较接近。因此，能够较为全面严格地检验谈判方案是否切实可行，检查谈判方案存在的问题和不足，及时修正和调整谈判方案。此外，通过站在对方角度思考问题，可以使谈判者在谈判策略设计方面更具有针对性，同时也可丰富我方在消除谈判双方分歧方面的建设性思路。

一、模拟谈判的拟订假设

要使模拟谈判做到真正有效，还有赖于拟订正确的假设条件。拟订假设是指根据某些既定的事实或常识，将某些事物承认为事实，不管这些事物是否发生，但仍视其为事实进行推理。因此，假设是模拟谈判的基础和前提，假设的作用是根本性的。依照假设的内容，可以把假设条件分为三类，即对客观世界的假设、对谈判对手的假设以及对己方的假设。在谈判中，常常由于双方误解事实真相而浪费大量的时间，也许曲解事实的原因就在于一方或双方假设的错误。因此，谈判者必须牢记，自己所做的假设只是一种推测，如果把假设奉为必然去谈判，将会产生许多问题。

为了提高假设的精确度，使之更加接近事实，在拟订假设条件时要注意：

（1）要让谈判经验丰富的人做假设，这些人实战经验丰富，提出的假设可靠性高。

（2）要遵循思维的一般规律，按照正确的逻辑思维进行推理。

（3）必须以事实为依据，所拟订的事实越多、越全面，假设的准确度越高。

（4）要正确区分事实与经验、事实与主观臆断，只有事实才是靠得住的。

诚然，模拟谈判的假设只是一种推测，不具有必然性，所以在真实谈判中要根据实际情况来应对问题，不能靠不具必然性的假设来指导行动。

二、模拟谈判的方式

一般情况下模拟谈判的方式主要有以下两种：

（1）组成双方谈判小组进行模拟谈判。这种方式要求我们将谈判小组一分为二，一组代表我方，另一组代表谈判对手，以对方的立场、观点、作风与我方进行商务模拟谈判。在模拟谈判时，两组人员应不断地互换角色，使谈判人员对每个环节和问题都有一个事先的了解。

（2）选一位成员扮演对方，或者站在对方的角度提出建议。如果时间、费用和人员等因素不允许安排一次较正式的模拟谈判，那么小组负责人也应坚持让一位人员来扮演对方，对企业的交易条件进行磋商、盘问。这样做也有可能使谈判小组负责人意识到是否需要修改某些条件或者增加一部分论据等，而且也会使企业人员提前认识到谈判中可能出现的问题。

三、模拟谈判的总结

模拟谈判的目的在于总结经验，发现问题，提出对策，完善谈判方案。模拟谈判在假定的基础上不断地演习谈判的整个过程，包括谈判时的气氛、对方的反应、谈判中可能出现的突发情况以及对方可能会提出的问题等，从而使准备更加充分和准确。所以，模拟谈判的总结是必不可少的。模拟谈判的总结应包括以下内容：

（1）对方的观点、风格、精神；

（2）对方的反对意见及解决办法；

（3）自己的有利条件及运用状况；

（4）自己的不足及改进措施；

（5）检查谈判所需情报资料是否完善；

（6）双方各自的妥协条件及可共同接受的条件；

（7）谈判破裂与否的界限，等等。

可见，谈判总结涉及多方面的内容，只有通过总结，才能积累经验，吸取教训，完善谈判的准备工作。

■ **案例阅读 3-4**

中美冶金设备购买谈判

　　我国某冶金公司要向美国购买一套先进的组合炉，派一位高级工程师与美商谈判。为了不负使命，这位高工做了充分的准备工作，他查找了大量有关冶炼组合炉的资料，花了很大的精力把国际市场上组合炉的行情及这家美国公司的历史和现状、经营情况等了解得一清二楚。当谈判购买冶炼自动设备时，美商报价230万美元，经过讨价还价压到130万美元，中方仍然不同意，坚持出价100万美元。美商表示不愿继续谈下去了，把合同往中方工程师面前一扔，说"我们已经作了这么大的让步，贵公司仍不能合作，看来你们没有诚意，这笔生意就算了，明天我们回国了"，中方工程师闻言轻轻一笑，还是坚持自己的报价。美商真的走了，冶金公司的其他人有些着急，甚至埋怨工程师不该抠得这么紧。工程师说："放心吧，他们会回来的。同样的设备，去年他们卖给法国只有95万美元，国际市场上这种设备的价格100万美元是正常的"。果然不出所料，一个星期后美方又回来继续谈判了。工程师向美商点明了他们与法国的成交价格，美商又愣住了，没有想到眼前这位中国商人如此精明，于是不敢再报虚价，只得说"现在物价上涨的厉害，比不了去年。"工程师说："每年物价上涨指数没有超过6%。一年时间，你们算算，该涨多少？"美商被问得哑口无言，在事实面前不得不让步，最终以101万美元达成了这笔交易。

■ **讨论**

　　1. 中方胜利的关键是什么？
　　2. 美方失败的原因是什么？

■ 解析

1.（1）充分的资料收集

利用充分的信息收集整理，用大量客观的数据给对方施加压力，从收集的内容可看出，不仅查出了美方与他国的谈判价格（援引先例），也设想到对方可能会反驳的内容并运用相关数据加以反击，对客观标准做了恰到好处的运用。

（2）多种谈判技巧的运用：

①谈判前，评估双方的依赖关系，对对方的接受区域和初始立场（包括期望值和底线）做了较为准确的预测，由此才能在随后的谈判中未让步于对方的佯装退出。

②谈判中，依靠数据掌握谈判主动权，改变对方不合理的初始立场。

③回盘上，从结果价大概处于比对方开价一半略低的情况可推测，中方的回盘策略也运用得较好。

2.（1）美方在收集、整理对方信息上没有做到准确、详尽、全面。从文中来看，重要的原因可能是：没有认清谈判对象的位置，美方采用高开价，但是谈判前没有做好信息收集工作，于是在谈判中步步在对方的大量信息面前陷入被动，一开始就丧失了整个谈判的主动权。

（2）谈判方案的设计上没有做到多样化。在对方的多次反击中，仓促应对，没有提出备选方案。

（3）过早地判定问题，从文中可推测出，美方一开始就认为此行不会很难，谈判结果应该是对己方利益更有利；没有认清谈判对象的位置，美商凭借其技术的优势性以及多次进行类似交易的大量经验而轻视对手。

（4）只关心自己的利益，美方以其组合炉技术的先进为最大优势，在中国缺乏相关技术的情况下会卖个高价，但并未考虑到中方对此的真正需求与相应的谈判准备，在对方信息攻击下，频频让步。

（5）在谈判过程中，在初始的带有欺诈性质的高开价没有效果时，希望用佯装退出谈判以迫使对方做出让步，无奈在中方以资料为基础并辨别出美方采用佯装退出的情况下，该策略失败。

■ 总结

商务谈判中的各种技巧对在各种商战中为自己赢得有利位置，实现自己利益的最大化有着极其重要的作用，但我们也要注意的是，技巧与诡计、花招并不相同，前者要求的是恰如其分，既要赢也要赢得让对方心服口服，赢得有理有据。只有这样，对于谈判技巧的运用，才是真正的游刃有余。

第四章

国际商务谈判中的注意事项

■ 本章学习目标

1. 营造良好的谈判气氛，掌握引导谈判气氛向有利于谈判的方向发展

2. 开盘价的确定方式以及报价的方式与顺序

3. 磋商的内容以及需要注意的事项

4. 谈判结束的原则、契机、方式以及后续工作

案例导入>> 美国一家航空公司要在纽约建立大的航空站，想要求爱迪生电力公司提供优惠电价。这场谈判的主动权掌握在电力公司一方，因为航空公司有求于电力公司。因此电力公司推说如给航空公司优惠电价，公共服务委员会不会批准，不肯降低电价，谈判相持不下。这时航空公司突然改变态度，声称若不提供优惠电价，它就撤出这一谈判。此言一出，电力公司慌张了，立即请求委员会批准了这一要求，但是航空公司仍然坚持再次降低价格，电力公司不得已再度请求委员会降低价格，此时，电力公司才和航空公司达成协议。由此可见，在商务谈判过程中，使用恰当的谈判策略十分重要。

谈判双方在做好了各种准备工作之后，将会在约定的时间、地点进行面对面的谈判工作。谈判双方通过交流协商来消除分歧、达成协议，使双方需求均得到一定程度的满足。在整个谈判过程中，一般包括开局、报价、磋商、协议达成等阶段。

第一节　谈判开局阶段

开局阶段是指谈判双方从会面到进入实质性谈判之前的时间阶段。该阶段虽然几乎未涉及实质内容的谈判，但关系到双方谈判的态度与诚意，开局阶段创造的谈判氛围会影响整个谈判过程，具有举足轻重的意义。

开局阶段的任务主要有三个：一是建立良好的谈判氛围；二是明确谈判的具体事项，双方交换谈判意见，就谈判程序如谈判目标、谈判安排、进度等相关问题达成共识；三是进行开场陈述。

一、建立良好的谈判气氛

谈判气氛是指谈判双方通过各自表现出来的态度、谈判风格而建立的谈判环境。谈判气氛往往会直接影响谈判人员的情绪和行为方式，进而影响到谈判的发展。影响谈判气氛的因素有很多，主要分为主观因素和客观因素两大部分。主观因素如谈判者的心理因素、思维因素；客观因素如谈判对象国的环境因素、政治因素、文化因素等。通常，客观因素对谈判的影响要大于主观因素的影响。因此，谈判组织者在准备阶段要做好充分的准备，要尽可能地营造有利于谈判的良好环境气氛。

（一）建立良好的谈判气氛的必要性

谈判气氛通常可以概括为四种：积极友好的谈判气氛、冷淡对立的谈判气氛、平静严谨的谈判气氛以及松垮拖拉的谈判气氛。在实际谈判中，更多的谈判气氛介于上述四种谈判气氛之间：一般情况下，谈判气氛在谈判双方刚接触时就已基本形成，会有一种谈判气氛占据主导地位，贯穿于整个谈判过程，且不会轻易改变。

积极友好的谈判气氛是每位谈判人员都期望的，如果双方能够都抱着互谅互惠、合作双赢并致力于签订一个对双方都有利的协议的态度去参加谈判，那么谈判过程将非常愉快。如果谈判双方都抱着寸土必争、寸金不让的谈判态度，致力于签订一个己方利益最大化的协议的态度来参加谈判，则会使得谈判陷入僵局，严重时会导致谈判破裂。由此可见，谈判的气氛直接作用于谈判的过程与结果，良好的谈判气氛有助于促进谈判成功。

（二）营造良好气氛的方法

营造真诚、友好、合作、轻松的商务谈判气氛对实现谈判互惠共赢有重要意义。营造良好的谈判气氛需要谈判双方花费足够的时间，结合各种因素，共同努力。具体可以从以下方面着手：

1. 营造轻松的谈判环境

谈判环境的选择直接关系到谈判气氛，因此选择一个与谈判主题相适宜的谈判地点尤其重要。

（1）谈判地点的选择。谈判地点对谈判人员心理有一定的影响。如果谈判地点位于谈判人员所在地，即"主座谈判"，谈判人员心理上占有优势，便于谈判人员随时向上级汇报谈判情况，以及向领导及专家请教谈判相关事宜，便于查找资料、提取样品，且能保持谈判人员正常的生活状况等。但主场谈判也有弊端，如要花费时间精力去接待对方谈判人员。相反，如果谈判地点位于谈判人员所在地进行，即"客座谈判"，可能会给谈判人员带来生活上的不便，但也不无好处，如在谈判时遇到难以解决的问题，可以以自身权利有限需要向上级请示为由来暂时中止谈判。

一般情况下，谈判人员要尽量争取在本地谈判，特别是针对重大问题或者难以解决的问题的谈判。在面对相对不重要的谈判或者简单的谈判，也可在对方所在地谈判，或选择中立地进行谈判。

（2）谈判桌的选择及谈判人员的座位安排。谈判桌一般有方桌和圆桌两种。方桌谈判即使用方形谈判桌，谈判双方分别落座于方桌两边，这往往显得谈判气氛有些凝重，给人一种对立的感觉，而且也不利于双方的交流。为了调节气氛，人们往往在桌子中间摆放一些花草等装饰物。圆桌谈判即谈判人员在谈判时使用圆形谈判桌，谈判双方环圆桌而坐。这种形式便于谈判双方交谈，也给谈判带来一种和谐的氛围。谈判桌也有其他形式，可根据谈判需要来设置，也有不使用谈判桌的情况。

谈判人员的座位安排形式一般有两种，一种是双方分开坐，即双方谈判人员各坐一边。这种安排可以给谈判人员心理上带来安全感，也方便资料查阅及小组之间商讨。另一种方式是双方人员交叉而坐，这种形式可以营造一种"谋求一致"的氛围，能在一定程度上增加合作、轻松、友好的氛围。除此之外，控制好座位之间的距离也十分重要：如果离得过近，彼此会感到拘束，如果离得过远，不仅不利于双方交谈，还会给人一种疏离感。因此，座位之间的距离应适当，这有利于使双方谈判人员彼此感到亲切而非紧张和陌生。

2. 保持谈判人员焕发的精神风貌

在谈判中，谈判人员要保持良好的精神风貌，如精神状态良好，精力充沛，自信而富有活力；态度诚恳，端庄大气，不骄不躁，谦虚热情等；言谈上言之有物，有理有据，谈吐文雅等。除此之外，谈判人员服饰仪表应当得体，注意与谈判的环境及谈判对手相匹配。通常，谈判人员的着装要求是美观、大方、整洁，具体着装选择还要考虑对方谈判人员的民族文化，民俗风情，切忌选择与对方文化风俗相冲突的服装款式和颜色。

3. 选择恰当的交谈话题

为使谈判双方之间彼此熟悉，减少拘束，在进入正式谈判话题之前，谈一些双方都感兴趣的话题可以缓解陌生气氛，营造和谐、友好的氛围。话题的选择通常与业务无关，一般选择双方能产生共鸣的话题，如当下热闻事件、大家都喜欢的偶像明星、业余爱好、旅途趣闻等。

（三）维持良好的开局气氛

在开局阶段建立了良好的气氛后，将良好的谈判气氛维持下去有利于谈判的成功，谈判者应该注意行为谦虚得体，说话态度诚恳，言之有理，以理服人，以平等互利、真诚合作的原则指导谈判过程中的言行；灵活运用谈判策略技巧，使谈判过程中始终保持融洽气氛，逐步推进谈判的进程。

二、意见交换

谈判双方在开局阶段的几分钟，通过互相寒暄、交谈，建立起谋求一致的友好合作气氛后，接下来双方就本次谈判交换意见，谈判正式拉开序幕。在谈判进入实质性谈判阶段之前，双方最好先就谈判议程交换意见，就谈判人员、目标、计划、进度四方面达成初步共识：

（一）谈判人员

此处的谈判人员是指谈判成员各自的情况，包括其姓名、职务以及在谈判中的地位和作用等。

（二）谈判目标

谈判目标总是以某种利益的满足为目的，是建立在谈判双方需要的基础上的，这是进行谈判的动机，即谈判产生的原因。谈判目标因各方的出发点不同而有不同的类型。比如，测试型，旨在了解对手的动机；创造型，意在发掘双方互利互惠的合作机会；论证型，主要是说明某些问题。除此之外还有达成原则协定型、达成具体协定型、批准草签的协定型、回顾与展望型、处理纷争型等。目标的选择可以是上述一种，也可以是多种。

（三）谈判计划

谈判计划是指谈判议程，包括明确谈判议题、要点，制定双方人员必须遵守的规则以及草拟谈判方案等。

（四）谈判进度

谈判进度是指谈判时间的安排，会谈的速度，或是会谈前预计的谈判速度。谈判进度是为了对每一事项在谈判中所占时间的把握，目的是促进谈判在预定的时间内完成。

上述问题应在谈判前加以讨论，但为了确认，在谈判开局阶段仍有必要就这些问题再商讨一次。小规模谈判可以省略交换意见这一环节，直接进入到开场陈述，前提条件是谈判双方彼此熟悉，或是对即将谈判的内容不存在异议。

三、开场陈述

在报价和磋商阶段之前，谈判双方需要先做一个正式的开局陈述，阐明各自对所谈议题的观点、立场、计划和建议。开场陈述的重点是简明扼要地提出双方的利益，并有针对性地提出一些建设性的意见和倡议。

陈述的内容一般有：己方的观点和愿望，及己方认为此次谈判应涉及的问题和问题的性质、地位；己方希望在谈判中取得的利益、谈判的立场；己方的首要利益。阐明哪些方面对己方来讲是至关重要的，可向对方做出的让步和可商讨事项，以及己方可采取的为双方共同利益作出贡献的方式。

通过开场陈述，可以探测对方的目标、意图以及对方可以做出让步的程度。这一过程也是我们常说的"摸底"。一般情况下，通过摸底我们弄清楚对方是否诚实、正直、是否值得信赖，能否遵守承诺，了解对方的真实意图、谈判风格与作风、优势与劣势，对方谈判人员的态度与期望等。

在开场陈述环节，谈判人员应注意对手的言谈举止，通过观察细节来收集对己方有利的信息，同时要善于归纳对方的陈述要点，突出谈判的重点，不要在对方陈述时提出具有挑衅意味的问题。

■ **案例阅读 4-1**

赞美的技巧

有8位女士为了庆贺她们当中的最年长的过生日而来到一家饭馆，这8人的年龄均在70岁以上。服务员热情地为她们拿来了菜单并毕恭毕敬地等着她们点菜，这个时候，瑞恩女士微笑着对服务员说道："今天我们几个老姐妹来到这里，是为了给露易丝女士庆祝82周岁的生日。"

服务员礼貌地做出了回应，而他的这句回应得罪了在场除寿星以外的7个人。他这样回应道："哇，那可真是本店的荣幸，请问，诸位美丽的女士哪位是露易丝？"这听起来只不过是一句再平常不过的话，但却表达了另外一层意思：你们8个人看上去差不多都像是82周岁的露易丝。露易丝则从服务员的这句话中得到自己和其他7个人一样年轻的评价，因而自然对服务员十分欣赏，其他7人的自尊心则也因为这句话多多少少地受到了伤害。也就是说，服务员的这句话让他讨好了1人而得罪了7人。

第二节　谈判报价阶段

报价阶段是谈判开局阶段结束后，谈判进入到实质性谈判的前期阶段。在谈判中，一般都是由一方报价，另一方还价，这种报价与还价的过程就是报价阶段。这里的"价"并非单指价格，而是指包括价格在内的诸如交货条件、支付手段、违约金或抵押、品质与检验、运输与保险、索赔与诉讼等一系列内容，是一个广义的概念。在此阶段中，对于报价者来说需要考虑的是如何选择开盘价，而对于还价者来说，需要考虑的是如何确定还盘价。

一、谈判开盘价的确定

在实际谈判过程中，最初报价称之为开盘价。开盘价的确定应根据国际市场价格、市场需求、购销意图以及报价策略等，制定出符合情理的价格。通常，报价要遵循以下三个原则。

（一）报价的"最高"与"最低"原则

如果是卖方最初报价，开盘价则要为己方定出一个"最高"价，双方最终的成交价肯定会低于此开盘价；如果是买方最初报价，则要为己方定出一个"最低"价，双方最终的成交价肯定会高于此开盘价。由于大多数人都信奉"一分价钱一分货"的观点，所以开盘价的高低会影响买方对卖方提供的商品或劳务的印象与评价。开盘价越高，人们就会认为商品质量越好，服务水平质量越高；开盘价越低，人们就会认为商品质量一般（或有瑕疵、样式过时等），服务水平低。一般来说，开盘价越高，最终成交价的水平越高；开盘价越低，最终成交价的水平越低。

（二）报价必须合情合理

开盘价虽然要高一些，但也须合情合理，符合实际。如果报价过高，又没有足够的理由去支撑这么高的报价，对方就会认为你缺少谈判的诚意，这将不利于谈判的顺利进行。报价留出的虚头主要目的是为接下来的磋商提供回旋的余地。虚头留出多少要根据具体情况来定，竞争对手的多少、货源的情况、对手要货的用途、与对手关系的远近等都会影响虚头的大小。

（三）报价要非常明确

报价要非常明确、清晰，以便对方能够准确了解我方的期望，切忌报价模糊而使对方产生误解。此外，报价时要果断，毫不犹豫。果断的报价能给对方一种诚实而又认真的印象。报价的内容通常包括价格、交货条件、支付手段、质量标准等其他内容。

在开价时不要对己方的报价做出过多的解释，这是因为不管我方做多少解释，对方都会对我方的报价存有质疑，并且在对方没有提问前，我方主动加以说明，会提醒对方我方关心的问题，而这种问题有可能是对方尚未意识到的，对方可能从中找到突破口，向我方猛烈攻击。

二、报价的形式

一般来说，报价的形式有书面报价和口头报价两种形式。

（一）书面报价

书面报价通常是指一方事先为谈判提供较为详尽的书面材料、数据和图表等，将己方愿意承担的义务表述清楚，使对方有时间为报价做充分的准备。这种报价方式可以使谈判节奏变得更为紧凑。书面报价也有一定的局限性。一方面，书面报价客观上成为了报价方承担责任的书面记录，限制了报价方谈判者在谈判后期的灵活变动；另一方面，文字表述较为死板单调，特别是在国际商务谈判时翻译成外文，精微之处，很难准确地翻译出来。

在谈判中，正规的书面报价对实力较强的谈判方较为有利。对于实力较弱的谈判方不适宜使用较为正规的书面报价，而应该安排一些非正规的谈判。当面对实力相当的对手时，可以使用书面报价。

书面报价也要遵循一定的方法，一般要做到：

1. 详略得当

在说明商品的性能、技术、指标等方面上，只要适合购买者的需要即可，没有必要将产品的参数一一列举出来。如果谈判时对方要求的话，可以酌情补充说明，以此来创造谈判的让步条件，显示己方谈判的诚意。

2. 明暗相间

在谈判中，明示条件对对方来说有利，暗含条件则对己方有利。例如，在报价时，可以将服务费报得低一些，但在其他条件上，如往返机票、食宿交通等费用均由对方负担。另外，有的谈判者喜欢玩文字游戏，在文字上制造暗含条件，如"逗留费""差旅费"由买方负担，这就可能造成理解差异，因为"逗留费"和"差旅费"可以仅包括食宿，也可以包括其他活动，因此当需要进一步明示时，就可以进行讨价还价。

3. 留下伏笔

在报价时，可以在设备和备件价格上做文章，例如可以降低设备的价格而保留备件的高价格，这样在买方日后再购买备件时，卖方便可从中获利。

（二）口头报价

相比书面报价，口头报价有较大的灵活性和表现力。不像书面报价所具有的义务约束感，口头报价的谈判方可以根据谈判形势来调整变更自己的谈判战术，先磋商，后承担义务。口头报价还可以充分发挥谈判者个人的沟通技巧，例如利用情感因素和感染力等来促成交易的达成。如果谈判者没有熟练的沟通技巧和谈判经验的话，则容易对失去议题主旨的把握而转向细节问题，也容易因为没有真正理解而产生误会，受到对方的攻击。口头报价也有不足之处。口头报价对于一些复杂的要求如统计数字、计划表图等难以表述清楚。这就要求谈判者在谈判前准备一份己方的交易要点以及印有各种具体数据的简目表。

三、报价的顺序

在商务谈判中，如果没有明确的报价顺序，那么到底是谁先报价呢？是否先报价就一定有百利而无一害？其实并非如此，先报价与后报价各有利弊。

通常，先行报价的有利之处在于：

（1）一般而言，先报价的影响较大。它实际上为以后的谈判限定了一个框架，双方最后签订的合同协议必然是在此基础上经过协商而达成的。

（2）先行报价提出自己的上界值，会对另一方的心理上产生一定的影响，它实际上等于为谈判画了一条基准线，可以在谈判中支配影响对方的期望值。

3. 若一方不想在谈判伊始便将谈判推入僵局或使谈判破裂，对于另一方的报价一般不会提出变动太大的要求。这就是先报价者为谈判划了一个范围，最终的合同也只能围绕这一范围展开，并且第一个报价在整个谈判与磋商过程中都会持续起作用。

4. 先行报价，如果出乎对方的预料与设想，往往会打乱对方原有的计划，减弱对方的自信，使其陷入被动地位。

当然，先报价也有不利之处：

1. 先行报价有很大的风险。有可能先行报价者定价太低，导致丢失许多利益。也有可能报价太高，使对方觉得我方缺乏诚意，对我方的信誉产生怀疑，甚至会认为我方报价是无理至极的，这将不利于谈判的顺利进行。

2. 先报价会给对方树立一个攻击的目标。对方常常采用集中力量去攻击报价方的这一报价，迫使报价方做出让步，同时报价方还会由于不知道对方原有方案的报价而处于被动地位。

例如，中国长春一家机械厂的老板陈先生打算出售更新下来的数控机床，有一家公司闻讯前来洽购。陈先生准备开价2 160万元人民币，即每台720万元人民币。当谈判进入实质性阶段时，陈先生正欲报价，突然产生了不妨先听听对方的想法。结果，对方在对这几台机器的磨损与故障做了一系列的分析评价后说："经过我们的讨论，我们公司最多只能以每台800万元买下这三台机床，多一分也不行"。陈先生听完之后十分惊喜，庆幸自己当时没有贸然报价。陈先生竭力掩饰自己的喜悦，并且假装不满意的样子，还和对方讨价还价了一番。最后双方顺利成交。

所以，先后报价各有利弊，实际谈判时谁先报价要视情况而定。总的来说，如果谈判双方建立了良好的关系，在过去和现在都有合作，彼此之间都比较熟悉，那么由谁来报价影响不大；如果双方的关系紧张，谈判预计会有激烈竞争，那么，就应该先报价以获取较大的影响；如果我方实力相对较弱，对市场行情和对手都不太了解，且缺乏谈判经验，就让对方先报价，通过观察对方扩大思路，调整我方的方案；就商业习惯来说，一般是由发起谈判的一方先报价。如果是买卖双方，一般是由卖方先报价。

四、西欧式报价和日本式报价

目前在国际商务谈判中，有两种比较典型的报价方式，即西欧式报价和日本式报价。西欧式报价即谈判人员首先提出有较大余地的价格，然后根据买卖双方的实力对比和该笔交易的外部竞争状况，通过给予各种优惠，如数量折扣、价格折扣、佣金和支付条件上的优惠（延长支付期限、提供优惠信贷等），逐步达成交易目的。实践证明，这种报价方式只要稳住买方，往往会有一个不错的结果。

日本式报价则是将最低价格列在价目表上，以求首先引起买主兴趣的报价方式。由于这种低价格一般是以对卖方最有利的结算条件为前提条件的，并且在这种低价格交易条件下，各个方面都很难全部满足买方的需求，如果买主要求改变有关条件，卖方就会相应提高价格。所以，最后双方成交的价格，往往高于价目表上的价格。

谈判人员为了避免陷入日本式报价圈套，最有效的方法是把对方的报价内容与其他客商的报价内容进行比较，观察他们的报价内容是否一样，从而判定对方的报价与其他客商的报价是否具有可比性。如果在对比中发现内容有不一致的地方，不要盲目从事，要仔细判断其内容与价格的关系。在对比中，切忌只注意最后的价格，如果忽略对其内容的分析比较而匆忙决定，这可能会造成不应有的被动和损失。此外，即使某个客商的报价确实比其他客商的都要低，也不要完全放弃与其他客商的接触与联系，这样做可以给对方一定的竞争压力，让他们知道，我方还有许多替代选择，迫使其做一些让步。

对比以上两种报价，日本式报价会比西欧式报价更具有竞争实力，但它更适用于卖方的心理，而不适合买方的心理，这是因为大家一般都习惯于价格由高到低逐步减少，而不是由低到高逐步提高。因此，谈判人员要格外注意，要学会识破日本式报价者的计谋，避免落入他们的圈套。

■ 案例阅读 4-2

一美分的谈判

上海ACE箱包装公司是由香港国基贸易公司、上海文教体育用品公司和青浦县凤溪乡共同出资250万元创办的。在国外，筹建这样的公司至少要2~3年的时间，而ACE箱包装公司筹建和培训同步进行，仅仅1年从基建到安装全部完毕，一座具有现代立体粗犷气派的雄伟建筑拔地而起。

1986年，公司正式投产9个月，产值达493万元，创汇210万美元；1987年，产值达1 200万元，创汇250万美元。该公司产品质量稳定率在99%以上，产品远销欧美亚洲10多个国家和地区。俗话说"万事开头难"，该公司却顺利地闯过了这一关。然而，在涉外商务谈判中的种种艰辛，只有总经理朱国权心里最清楚。一次，朱国权同日本客商谈判已经3天了，难堪的僵局、烦人的沉默，谈判桌上气氛很紧张，双方简直是在进行一场意志和体力的比赛，这一切都是为了包装箱的价格。

中午，吃饭时间到了。日本客商邀请朱国权到上海大厦就餐，朱国权欣然同往。刚动筷子，日本客商开口道："总经理先生，这件事我们商量商量。从明天起，我每天请你吃中饭，你每只箱包减1美分，好吗？"朱国权没有立即回答，他明白，每只箱包减去1美分，75万只箱包，就是7 500美元，折合人民币近3万元。他放下筷子，微笑着回答："好啊！从明天起，我也每天请你吃晚饭，你增加1美分，好吗？"落落大方，不卑不允，这是一个极有力的回答！日本客商无言以对，无可奈何地摇了摇头。虽然谈判的过程很艰辛，最终双方以中方的报价成交，并没有下降这1美分。

第三节　谈判磋商阶段

商务谈判的磋商阶段就是双方讨价还价的阶段。它是指报价阶段结束后到缔约协议之前，谈判双方就实质性内容进行磋商的全过程。因此，磋商阶段所占用的时间、所投入的精力以及所涉及的问题也最多。这一阶段是全部谈判活动的关键阶段、最重要阶段，同时也是最困难、最紧张的阶段。磋商阶段不仅是谈判主体间实力、智力、技术的具体较量阶段，也是彼此间求同存异、合作谅解让步的阶段，它是商务谈判的核心环节。磋商的结果将直接关系到谈判双方所获利益的多少，决定着双方各自需求的满足程度。

一、磋商的内容

（一）讨价

讨价是谈判中卖方或买方报价并进行价格解释后，买方(或卖方)认为离自己的期望目标太远或不符合自己的期望目标，在对其价格评论的基础上要求对方改善报价行为。在商务谈判中，讨价的方式一般有两种：笼统讨价和具体讨价。笼统讨价是指从总体条件上或从构成技术或商业条件的所有方面提出重新报价的要求，即从总体价格上要求改善报价。具体讨价则是就分项价格和具体的报价内容要求对方重新出价。两种讨价方式各有各的用处，使用哪一种方式要根据谈判实际情况而定。

笼统讨价常用于对方报价后的第一次要价，在宏观的角度上去压价，含糊地提出自己的要求而不泄露己方掌握的准确材料、信息。可以软硬兼施，也可以"大兵压境"似的向对方施加压力。一般情况下对方为了表达谈判的诚意，可能会调整价格。由此双方即可循序渐进地往下谈了。例如，"请贵方就我方刚才提出的意见报出新的价格""贵方已经听到了我方的意见，如果不能重新报出具有诚意的价格，我们的谈判将难以持续""我方的评论意见就说到这，待贵方做出新的出价后我们再谈。"以上三种都是笼统的讨价方式，不同的是态度一个比一个强硬，谈判时具体使用哪一种要根据对方的态度来确定。

具体讨价通常是在对方第一次改变价格之后运用。例如，对那些含水分少的、内容比较简单的报价，一般都要提出有针对性的、要求明确的讨价。准确性和针对性是具体讨价的关键，在讨价时可将讨价内容分为几类。划分方法可以按照内容划分也可按照评论结果划分。按照内容划分可分为技术费、运输费、设备条件、保险费、技术服务费、资料、培训、支付条件等。按照评论结果划分，可以根据各项内容的水分大小归类，水分大的分为一类，水分小的分为另一类。之所以进行分类，是为了体现"具体性"，提高准确性。

例如，某高压硅堆生产线的报价，按照分块原则划分，包括生产线设备、备件、生产试车和试生产用的关键或全部原材料费用；软件包括技术经费、技术资料、商务联络、技术培训、技术指导、合同条款等。在这两大分类内容中，又可按照其水分大小继续分类。以硬件为例，既可以对设备、备件、原材料三者包含的内容给予评论、区别，并依次讨价，也可以设备为主，将该生产原设备报价分为前工序（即制作硅片的加工部分）设备，中间处理（即制作硅片清洗和化学处理部分）设备，后工序（即芯片的分割、烧结、封装部分）设备等三类。通过对比我们知道中间处理设备的价格相对较高，后工序设备随其后。前工序设备因其通用的设备较多，故其价格较为合理。

讨价的次数没有统一的标准，它取决于买卖双方对价格的评论，只要买方对卖方的报价还有分析降价的依据或者卖方对买方的报价还有分析升价的理由，讨价过程就不会结束。一般情况下，讨价次数在2~3次。但从卖方的角度来说，做了两次价格改善就会封门，就会要求对方尽快还价。而买方对价格分析做出的报价虚头没有超过半数以上的修改，就不能停止讨价。届时，买方可以采取相应的办法来讨价。例如可以说对方计算有错误，应重新核算后再报价，或者说对方价格中的水分太大，所报的价格高于竞争产品，因而还应该继续改善。当然，卖方也是要盈利的，所以当价格改善到一定程度时，卖方就会停止降价。这时，买方应停止讨价，准备还价。

（二）还价

讨价之后伴随而来的就是还价，还价一般是指针对卖方的报价，买方做出的反应性报价，还价以报价作为基础。它是整个谈判的中心，是商务谈判中交易磋商的一个必备环节。

1. 在还价中要注意以下两点

（1）要准确了解对方的报价内容。如果对对方的报价有疑问，要提出一切必要的问题。例如，在谈论设备的价格时，最好得到一张准确的价格图表，为了提高准确性，要问清楚价格中是否包含佣金，是否包括机器的调试及技术培训费用，是否包含零部件费用等。询问完毕后，要将己方对对方的报价的理解归纳总结内容复述于对方，以此来检验双方在要约的内容理解上是否一致。

（2）还价要合理。当确定了报价内容后，还价时，既要考虑买方能力，又要注意卖方情绪，所以，还价要合情合理，留有协商的余地，如果漫天还价会让对方怀疑己方合作的诚意。

2. 还价的方式

还价称作新的报价或反要约，在谈判中如果遇到讨价方式与改善报价的方式不同的情况，还价的方式应采取改善报价的方式。方式的一致性有利于谈判双方评价各自的条件，判定交易条件的可比性。按照还价的依据，还价的方式可以分为按可比价还价以及按成本还价两类。

（1）按可比价还价。按照可比价还价是指己方无法准确判定所谈商品本身的价值，只能通过相似商品的价格或竞争者商品价格作参考进行还价。采用这种方式的关键在于选择的参照商品的可比性及其价格的合理性，只有合理的可比价格，还价才有说服力，才能使对方信服。

（2）按成本还价。按成本还价是指己方能够算出所谈商品的成本，并在此基础上按一定比率的利润作为还价的依据。采用按成本还价的方式关键在于要计算出准确的成本，成本越准确，还价的说服力也就越强。

3. 还价起点的确定

还价起点是指买方第一次还出的价格，其高低直接影响买方的经济利益，决定谈判进程与成败，同时，若还价能够激起对方的兴趣，说明成功有望，如果还价不合理，会引起卖方反感，所以，还价起点对双方都有重要的影响。

还价起点的确定要遵循一定的原则。第一是还价起点要低。还价起点越低，越能给对方造成压力，越有可能得知对方的盈余要求。但还价起点也不可过低，要有理有据，不能让对方认为是漫天还价，没有诚意。利用策略性的虚报部分为价格磋商提供充足的回旋余地和准备必要的交易筹码，对达成最终成交价格和实现既定的利益目标具有不可忽视的作用。第二是还价起点要接近成交目标，这是为了使对方有可能接受我方的还价，但也要给对方保有余地。如若不然，己方不得不重新还价，这会使己方陷入被动，甚至会让对方失去交易的兴趣而退出谈判。

实践证明，制约还价起点的因素有三个，分别是双方价格差距、标的物（交易物）的客观成本以及还价次数。

（1）双方价格差距。双方价格差距是指报价方的重新报价与还价方的期望成交价之间的差距。从理论上来说，还价起点应在还价方最大预算价之内，这是基本点，不是唯一点，因为预算价不一定反映交易物的成本。当然对方报价与己方准备成交的价格目标差距越小，还价起点越高；对方报价与己方准备成交的价格目标差距越大，还价起点就越低。不过，无论还价起点的高低，都要低于己方成交的预备价格，以便为以后的讨价还价留下余地。

（2）标的物（交易物）的客观成本。标的物的客观成本通常由两部分构成，即消耗成本与营业利润指标。能否把握住报价方的客观成本价位，对还价方来说十分重要。

（3）还价次数。还价次数的多少取决于谈判双方回旋余地的多少以及每次让步幅度的大小。如果双方回旋余地大，每次让步幅度小，还价次数就会多。若双方回旋余地小，每次让步幅度越大，还价次数则越少。通常，在商务谈判中，卖方从坚持改善价到谈判结束，仍有两到三次的价格让步，买方也照此对阵。每次变价的幅度大小根据交易金额大小而定，一般为5%左右。

4.还价时间的确定

谈判人员应讲求还价时机，还价时间运用是否合适直接影响到还价的次数和效果。在谈判时，如果还价时机掌握的好，在价格上就会少退一些阶次，反之，则可能要多退一些。谈判人员在确定还价的时间时，要注意以下两点。

（1）选好时机。时间的选择要考虑应给人以无可奈何的艰苦抉择的印象，且要给对方留出时间做出新的反应。比如，首次还价时间选在上午十点半或下午四点半左右为宜。开场经过了两个小时左右的争论，双方都无计可施，在谈判沉闷、烦恼、失望之际，买方做出首次还价。首次还价相对于买方在此之前对报价人的评价来说，也是让步。买方可借此机会，让报价人回去再思考一个新的报价，下午或次日上午再一起商谈，促使谈判新局面的出现。

（2）看准情况再报价，即以卖方价格条件改善的状况为还价前提。通常来说，走在对方的后面是比较好的选择，即让对方先出价，己方后还价；对方有变化，己方有调整，从而使双方的谈判立场逐步靠拢。

二、磋商中应注意的事项

在磋商阶段，谈判双方各自以己方的利益出发，发挥各自的聪明才智，左右交锋，努力使谈判向对自己有利的方向发展。在这一阶段，应注意以下几个问题。

（一）注意制订及调整谈判计划

谈判磋商阶段需要对谈判计划、谈判方案、谈判人事安排及谈判的其他方面，根据谈判的发展变化进行分析、谈判、重新调整。这是因为在谈判实战阶段，会出现一些无法预测的新情况、新变化，无论前面的准备工作做得如何充分、仔细、全面，都无法包含实际谈判中的每一个细节，并适应每一种变化。谈判者如果不想在谈判中处于被动处境，就应当在谈判磋商讨价还价以及信息交流时，不断调整原定计划中的不适之处。为了做好评估调整工作，可以从以下几个方面进行：（1）认真研究对方的报价资料，判断其真假虚实，根据资料重新认识、调整己方的报价。（2）更新谈判资料档案，把在谈判中获取的信息资料更新到档案中，删除那些已被证明的、虚假的、无用的信息。（3）根据新情况新问题，修整或制订新计划、新方案，谈判人员要论证和反复调整计划与方案。（4）根据报价结束的情况，重新评价双方是否存在谈判的协议区，协议区有多大，以决定谈判是否可以继续下去，如果可以，应如何调整谈判的起点、界点和争取点等。（5）认真总结之前的经验教训，弥补工作漏洞，调整工作方法，确保谈判向更有利于己方的方向发展。（6）根据谈判需要，调整谈判人员，既要保证谈判团体的相对稳定性，又要保证谈判团体的活力。

（二）注意把握谈判进程

谈判过程中，如果双方争执不下，剑拔弩张，这可能会破坏谈判的气氛；或者争论起来不着边际，失去控制。所以，要注意驾驭谈判局面，控制好谈判过程。为把握好谈判进程，赢得谈判中的主动地位，可以从以下几个方面进行：（1）对前面的工作进行回顾总结，以提醒或引导对方认识所处的谈判阶段，拨正双方谈判的议题。（2）强调双方的共同利益。如果谈判双方在谈判时分歧不断加大，可采取强调共同利益的方法来暗示两败俱伤的后果。（3）拨正议题。如果谈判偏离了正常航道，可以及时进行拨正。（4）更换谈判人员。有时为了控制谈判局面，变更谈判人员也是一种方法，使相持不下、互不让步的议题暂时搁置。

（三）注意避免谈判僵局

在谈判过程中，谈判者想要避免谈判陷入僵局，就应在维护己方实际利益的前提下，尽量避免因一些非本质性问题而坚持强硬的立场，以导致出现谈判僵局。如果出现谈判僵局，谈判各方应探究原因，积极主动地寻找解决的方案。打破僵局可采取以下一些方法：（1）搁置争议议题。如果双方就某一议题存有争议，一时相持不下，又无法解决，这时谈判双方可先搁置这一议题，更换新的议题。等其他议题都解决完毕后，在友好的气氛中讨论，再来解决之前僵持的问题。（2）更换主谈人。谈判僵局的出现有时是由主谈人的个人因素造成的。僵局一旦出现，主谈人的态度不易轻易改变，有时会产生抵触情绪，不利于谈判。此时，应当考虑更换主谈人，以新的主谈人的新姿态进行谈判，能使僵局得以缓解。（3）暂停谈判。当谈判双方由于一时冲动，在情感上"较劲"之时，各方应当从谈判的实际利益出发，暂停谈判，休息一会儿，等双方情绪缓和之后再进行谈判。（4）寻找其他的解决方案。如果谈判各方坚持自己的谈判方案不肯妥协时，谈判就会陷入僵局。遇到此种情况，谈判各方可放弃各自的谈判方案，寻找一种可以兼顾各方利益的第三种方案，以此来缓解谈判僵局。（5）由各方专家单独会谈。谈判者可根据陷入谈判僵局所涉及的专业问题，请求有关专家单独会谈。

■ 案例阅读 4-3

中韩丁苯橡胶出口讨价还价策略

中韩的一笔交易，能很好地说明上面提到的一些讨价还价的技能点。中方某公司向韩国某公司出口丁苯橡胶已一年。第二年，中方公司根据国际市场行情将价格从前一年的成交价每吨下调了120美元（前一年为1 200美元/吨）。韩方感到可以接受，建议中方到韩国签约。中方人员一行二人到了首尔该公司总部，双方谈了不到20分钟，韩方说："贵方价格仍太高，请贵方看看韩国市场的价格，两天以后再谈。"

中方人员回到饭店后有一种被戏弄的感觉，很生气。但人已来到首尔，谈判必须进行。中方人员通过有关协会收集到韩国海关丁苯橡胶的进口统计，发现从哥伦比亚、比利时、南非等国进口量较大，从中国的进口量也不小，中方公司是占份额较大的一家。从价格方面来看南非最低，但高于中国产品价。哥伦比亚、比利时价均高出南非价。在韩国市场的调查中，批发和零售价均高出中方公司现报价的30%~40%。市场价虽呈下降趋势，但中方公司的给价是目前世界市场最低的。

为什么韩国人员还这么说？中方人员分析，对手以为中方人员既然来了首尔，就肯定急于拿合同回国，可以借此机会再压中方一手。那么韩方会不会为了不急于订货而找理由呢？中方人员分析，韩方若不急于订货，为什么邀请中方人员来首尔？再说韩方人员过去与中方人员打过交道，有过合同且执行顺利，对中方工作很满意，这些人会突然变得不信任中方人员吗？从态度上来看不像，他们来机场迎接中方人员且晚上一起用餐，保持了良好的气氛。

从上述分析中，中方人员一致认为：韩方意在利用中方人员出国心理，再压价。根据这个分析，中方人员决定在价格条件上做文章。总之，态度应强硬（因为在来之前对方已表示同意中方报价），不怕空手而归。其次，价格条件还要涨回市场水平（即1 200美元/吨左右）。再者，不必过几天给韩方通知，仅一天半就将新的价格条件通知韩方。在一天半以后的中午之前，中方人员打电话告诉韩方人员："调查已结束，得到的结论是：我方来首尔前的报价低了，应涨回到去年成交的价格，但为了老朋友的交情可以下调20美元，而不再是120美元。请贵方研究，有结果请通知我们，若我们不在饭店，则请留言。"韩方人员接到电话一个小时后，回电话约中方人员到其公司会谈。韩方认为，中方不应把过去的价格再往上调。中方认为，这是韩方给的权利。我们按韩方要求进行了市场调查，结果应该涨价。韩方希望中方多少降些价，中方认为原报价已降到最低。经过几个回合的讨论，双方同意按中方来首尔前的报价成交。这样，中方成功地使韩方放弃了压价的要求，按计划拿回合同。

第四节　谈判结束阶段

谈判在经历了开局、报价、磋商阶段之后，就进入了结束阶段。此时，谈判双方在大多数问题上基本达成一致，但也存在最后一些问题，仍然需要谈判者小心处理，不能放松警惕，急于求成，以免导致前功尽弃，功亏一篑。在此阶段，需要谈判双方用恰当的语言，以书面形式或其他法定形式将谈判内容固定下来。至此，这场谈判也就宣告结束。

一、谈判终结的原则

谈判终结的原则有四条，分别为彻底性原则、不二性原则、条法性原则以及情理兼备性原则。

（一）彻底性原则

彻底性原则要求结束谈判时所论及的谈判交易内容要全面，论及的内容不能再出现疑点。

（二）不二性原则

这是指双方通过协商一致签订的合同不能随意改变，即谈判结果具有不可更改性。

（三）条法性原则

条法性原则是指双方所达成的各种交易条件均以相应的法律形式表达，使之具有法律的约束力和追索效力。要使谈判终结达到条法性原则，要满足三个条件：口头合同文字化，文字合同格式化，不同格式文本一体化。

（四）情理兼备性原则

这是指谈判结束无论最终结果如何，双方都应保持友善与客观的态度。换句话来说，应尽力创造友好气氛，使双方都能感受到尊重。谈判成功，固然可喜可贺，谈判破裂也要泰然处之。

二、谈判结束的时机

选择好谈判结束的时机是谈判结束阶段极为重要的问题。通过对各方最终意图的观察与表达，正确判定谈判终结的时机，适时把握气氛，促成签约，有利于谈判顺利圆满地进入到终局。反之，错误的判定有可能使谈判变成"一锅夹生饭"，已付出的劳动也会付诸东流；也有可能由于拖延而贻误了最佳成交时间。可以从以下几个方面来判定谈判是否终结。

（一）根据交易条件判定

1. 考察交易条件中尚余留的分歧

这是从谈判所涉及的交易条件解决状况来分析判定整个谈判是否进入终结。首先在数量上，如果双方在绝大多数的交易条件上已达成一致，而所剩下的分歧数量仅占极小的一部分，由此一般可判定谈判已进入终结阶段。这是因为当达成共识的问题数量大大超过分歧数量时，量变导致质变，谈判阶段也就从磋商阶段转变为了终结阶段。其次在质量上，如果在关键性问题和重要性问题上都已达成共识，仅留下些细枝末节或者说一些非实质性的无关大局的分歧点，就此可判定谈判已进入终结阶段。这是因为谈判中的关键性问题往往起着决定性作用，它需要谈判者花费大量的时间和精力，谈判是否能够成功，主要是看在关键问题上双方是否达成共识。反之，如果双方仅在一些次要问题上达成共识，而关键问题还存在较大分歧，这是不能判定谈判进入结束阶段的。

2. 考察交易条件是否进入己方的可接受区间

如果对方提出的交易条件已经进入己方的可接受区间，则谈判也即将进入终结阶段。此时，双方可能出现在最低限度达成交易的情况，应该抓住这一时机。如果能得到更有利的交易条件固然好，但也不要因为强求己方的最大利益而使得谈判陷入双方对立的局面，这可能丧失唾手可得的交易时机。所以，一旦谈判双方的交易条件已经进入己方的可接受区域，就说明进入了谈判终结阶段。

（二）根据时间判定

1. 双方约定的时间

一般的谈判双方都会在谈判的开局阶段共同讨论并确定一个谈判所需要的时间以及谈判的相关议程安排。届时，谈判的进程会按照双方约定的时间来进行，当谈判接近规定的截止时间时，双方自然进入到谈判的终结阶段。至于双方约定多长时间的谈判，这要根据谈判的大小、谈判内容的多少、谈判所处环境的形势以及双方政治、经济、市场的需求和本企业利益等综合而定。按照约定的时间进入谈判的终结阶段，对谈判双方来说都会产生压迫感，尤其是进入到尾声阶段，但同时也会促使双方提高谈判的效率，避免过度地纠缠于立场或长时间的争辩。如果双方的实力相差不大，都有较好的合作意愿，且利益差异不是很悬殊，在约定的时间内达成合同就会比较容易，否则就比较困难。如果在约定的时间内没有完成谈判，一般也应该按照约定的时间将谈判告一段落，采取再另约时间继续谈判的方式，或宣告谈判破裂。

2. 单方限定谈判时间

有些谈判由一方限定谈判时间，另一方从之，随着时间的终结，谈判也随之结束。在谈判中占有优势的一方，出于对己方利益的考虑需要在一定时间内结束谈判或者是还有其他的可选择的合作者，就需要告知对方希望谈判在己方希望的时限内终结谈判。单方面的限定谈判时间会给对方增加某种压力，被限定方听从与否，要看谈判条件是否符合己方的谈判目标。如果觉得谈判条件合适，同时也不想失去此次合作机会，可以听从，但也要防止对方以时间限定向己方提出不合理的要求。

（三）根据谈判策略判定

谈判结束阶段有一些常用的策略，谈判任意一方如果使用这些策略，也往往意味着谈判已经进入了终结阶段。谈判终结策略对谈判终结有着特殊的导向作用和影响力，它表现出一种最终的冲击力量，可直接将谈判推进到尾声。常见的终结策略有以下几种。

1. 最后立场策略

谈判双方经过多次磋商后，仍然没有达成一致的结果。这时，谈判一方可阐明己方的最后立场以及最后可做出的让步，并说明如果对方同意该条件，则谈判成交。如果不接受，则谈判破裂。双方已经经历了前期的艰苦磋商，在某些方面上甚至已经达成了共识，谁也不想让之前的努力都付诸东流。此时，一方提出自己的最后立场，表明成败在此一举，如果对方不接受条件，那么他也只能以破裂结束。最后立场策略只有在谈判终结阶段使用才能发挥其效用，否则过早地暴露谈判目标，很容易使己方陷入被动地位，也不容易达到预期目标。

2. 总体交换条件策略

如果谈判涉及的项目较多，双方在每一个分项目上已经进行了一系列的磋商和讨价还价，这时谈判者可以将条件通盘考虑，进行一次性的条件交换。这种全局性的磋商，标志着谈判进入终结阶段。

3. 折中进退策略

折中进退策略是指将双方条件的差距取中以此作为双方相互妥协的尺度。当谈判双方经过多轮磋商之后，各方虽均有让步，但仍存在残余的问题。为了能够尽快达成一致，一方可提出双方都以同样的幅度让步，如果对方接受此建议，即可判定谈判终结。折中进退策略虽然不够科学，却更加公平，双方易于接受，是快速解决分歧的一个办法。

三、谈判结束的方式

谈判结束的方式有三种，即是成交、中止、破裂。

（一）成交

成交即谈判双方达成协议，交易成功。成交的前提是双方对交易条件经过反复磋商以致达成协议，对全部或绝大部分问题没有实质上的分歧。成交的方式是双方签订具有高度约束力和可操作性的协议书，为双方的商务交易活动提供操作原则和方式。成交的方式由于商务谈判的内容、形式、地点的不同而有所区别。

（二）中止

中止谈判是指谈判双方因为某原因未能达成全部或者部分成交协议而由双方约定或单方要求暂时终结谈判的方式。如果是在整个谈判进入最后阶段或在解决最后分歧时发生中止，则是终局性中止，并作为一种谈判结束的方式被采用。中止又可分为有约期中止和无约期中止。

1. 有约期中止

有约期中止谈判是指双方在中止谈判时约定好恢复谈判时间的中止方式。如果双方认为成交价格超过了原规定计划或让步幅度超过了预定的权限，从而使得谈判难以达成协议，但双方又都有成交的意愿和可能，双方可经协商，一致同意中止谈判。这种中止是在积极状态下的中止，它的目的是促使双方创造条件最终达成协议。

2. 无约期中止

无约期中止是指双方在中止谈判时没有具体约定好恢复谈判时间的中止方式。无约期中止的典型方式是实行冷冻政策。在谈判中，由于交易条件差距太大，或者是由于存在特殊困难，而双方都有成交的需求，不希望谈判破裂，双方此时会采取冷冻政策来暂时中止谈判。

（三）破裂

谈判破裂是指双方经过多次磋商，到最后仍不能达成共识和协议，谈判就此结束。谈判破裂的前提是双方经过多次努力，甚至让步之后，在某方面仍不能达成协议，没有任何商量的余地，至少在谈判范围内的交易已无任何希望。

谈判破裂依据双方的态度可分为友好破裂结束谈判和对立破裂结束谈判。顾名思义，友好破裂结束谈判是指双方互相体谅对方面临的困难，讲明难以逾越的实际障碍而友好地结束谈判的做法。此时的谈判破裂并没有导致双方关系的破裂，还有可能通过充分的了解和沟通，增进彼此之间合作的愿望，为今后双方再度合作留下可能的机会；对立破裂结束谈判则是指谈判双方在对立的情绪中愤然结束这场未达成任何协议的谈判，造成这种情况的原因有很多，但不管什么原因，造成双方在对立情绪后很难再次合作。所以，在谈判破裂不可避免的情况下，双方要尽量控制好情绪，冷静下来，不要使用过激的语言，尽量使双方以友好的态度结束谈判，至少不能使双方的关系恶化。

四、谈判结束后的工作

谈判结束后需要谈判人员随即做一些整理工作。需要将所有的谈判资料整理归入档案，包括谈判记录、技术资料、附件和合同文本。

最容易被人忽视的便是谈判过后的总结工作，但事实上，一场谈判得来的经验和教训对今后的谈判是非常有益的。谈判结束后的总结内容大致有以下几条。

（一）己方的战略

这其中包括谈判对手的选择、谈判目标的确定、谈判小组的工作作风等。

（二）谈判情况

包括谈判的准备工作、制订的程序与进度、采用的策略和技巧等。

（三）己方谈判小组成员的情况

包括小组的权利，成员职责的划分、工作能力、表现和效率以及有无进一步培训和增加小组成员的必要等。

（四）谈判对手的情况

包括谈判对手的工作作风、小组整体的工作效率、各成员的效率以及其他特点、所采用的策略与技巧等。

五、结束阶段应注意的问题

结束阶段要注意的问题主要有以下四点。

（一）不能有大的单方面的让步

如果在最后收尾阶段突然出现较大的单方面的让步，会让对方觉得你还可以让步更多的利益出来。这时对方会有可能逼迫你做出更多的让步，这不利于协议的达成。

（二）认真回顾双方达成的协议

谈判最后阶段易出现两个问题，一个是谈判破裂，另一个是内部态度不统一。为避免出现上述两个问题，需要我们认真回顾双方达成的协议。我们应关注在多大程度上达成了共识，通过多说多提问和证明的方法，从而营造良好的氛围。

（三）澄清所有模棱两可的事情

想打擦边球的谈判人员不愿意澄清模棱两可的事情，他们想先签下合同，到实施的时候再说。这种做法从短期内看不出问题，以为协议已经达成了，但是长远来看，实施过程中会出现很多矛盾，这会让对方觉得我方诚意不够，有意欺瞒。这不利于双方以后的合作，也可能造成对方寻机打击报复我方。所以，在结束阶段我们要尽量解决好模棱两可的问题，以减少不必要的误会。

（四）避免因时间不够而带来的被动

由于要留有足够的时间去应对结束阶段的相关事情，因此要合理安排时间，避免因为时间不够而陷入被动。

■ **案例阅读 4-4**

中意进口半导体生产设备折中进退策略

中意的一笔交易可以很好地说明折中进退策略。意大利某电子公司欲向中国出售半导体生产用的设备，派人来北京与中方洽谈。其设备性能良好，适合中方客户。双方很快就设备性能指标达成协议，随即进入价格谈判。

中方认为设备性能可以，但价格太高，希望降价。意方认为货好，价也高，自然不能降价。但中方仍然认为不降不行。意方说："东方人真爱讨价还价，我们意大利人讲义气，就降0.5%。"中方说："谢谢贵方的义气之举，但贵方价格是不合理价格。以贵方报的价，我们可以买到比贵方更好的设备。"最后双方决定休息一会儿，再进行洽谈。

重新进行谈判时，意方报了一个降低3%的价格。中方认为还没有到成交线，要求意方再降。意方坚决不同意，要求中方还价，中方给出了降15%的条件。意方听到中方的条件，沉默了一会儿。从包里掏出一张机票说："贵方的条件太苛刻，我方难以接受。为了表示交易诚意，我再降2%。贵方若同意，我就与贵方签合同；贵方若不同意，这是我明天下午2点回国的机票，按时走人。"说完，站起来就要走，临走时留下一句话：我住在友谊宾馆某楼某号房间，贵方有了决定，请在明日中午12点以前给我电话。

中方在会后认真研究成交方案认为5%的降价仍不能接受，至少应降到7%，也就是还差2%，如何能再谈判呢？中方于是先调查明天下午2：00是否有意大利的航班或欧洲的航班，以探其虚实，结果是没有。接下来，第二天早上10点左右，中方让翻译给意方宾馆打电话，告诉他，昨天贵方改善的条件反映了贵方的诚意，我方表示赞赏。作为一种响应，我方也可以改变原立场，只要求贵方降10%。意方看到中方让了5%，而10%与其内定价格相差一些，但比15%而言，可以谈判了。于是，希望马上与中方见面。中方赶到宾馆，到其房间继续谈判。双方认为还有差距，双方均愿意成交。只有一条路——互相让步。最终双方将5%的差距各担一半，即以降低7.5%成交。

■ 思考题

本案例中，意方采用的谈判策略是什么？试评价意方对该谈判策略的使用。

意方采用的谈判策略是最后通牒策略。该案例反映意方通过"最后通牒"策略压制中方价格欲望，从15%降了一半，使自己仍在不错的条件下拿到合同。但意方也有缺陷，"机票"显示的航班不实，被中方抓住了破绽，又失去了部分策略效力。

最后通牒策略是终极性的强攻手段，它具有很大的攻击性，对于急于求成的对手更有攻击力。不过使用该策略也是有要求的。首先，重在"最后"。该案的压力源自"最后"。如让所有的参谈人员知道谈判已到最后关头，那么此时的通牒就会威力巨大。策略效果关键不在于"最后"本身是真是假，而在于就算是"假的"也难被对方分辨。本案中意方使用"最后通牒"中的"最后"是假的，但易于被对方证实，故策略失败。而作为对手面对该策略，首要的也在核对是否真的是"最后"，中方这么做了，就可破解该策略，少让利。其次，留有余地。因为该策略有置对方于死地的力量，也有置自己于绝境的态势。在追求交易的情况下，必须给自己留有余地，否则，该策略失败后代价会很大。

第五章

国际商务谈判的心理

本章学习目标

1. 了解商务谈判心理的概念

2. 掌握商务谈判心理的四种要素

3. 掌握商务谈判心理的运用

案例导入>> 日本一家著名的汽车公司在美国刚刚"登陆"时，急需找一家美国代理商来为其销售产品，以弥补他们不了解美国市场的缺陷。当日本汽车公司准备与美国的一家公司就此问题进行谈判时，日本公司的谈判代表路上塞车迟到了。美国公司的代表抓住这件事紧紧不放，想要以此为手段获取更多的优惠条件。日本公司的代表发现无路可退，于是站起来说："我们十分抱歉耽误了你的时间，但是这绝非我们的本意，我们对美国的交通状况了解不足，所以导致了这个不愉快的结果，我希望我们不要再为这个无所谓的问题耽误宝贵的时间了，如果因为这件事怀疑到我们合作的诚意，那么，我们只好结束这次谈判。我认为，我们所提出的优惠代理条件是不会在美国找不到合作伙伴的。"日本代表的一席话说得美国代理商哑口无言，美国人也不想失去这次赚钱的机会，于是谈判顺利地进行下去。

　　谈判者的心理状态会对商务谈判产生很大影响，在谈判的心理博弈过程中，会产生诸多心理现象，这些心理现象对于人来说具有共性和普遍性。所以准确把握谈判心理的内涵，是谈判成功的重要基础，也是进行深层次商务活动的重要基石。本章首先从影响国际商务谈判的基本心理要素出发，分别研究需要、情感、态度、知觉等个体心理因素以及与此有关的群体心理因素，在此基础上，结合国际商务谈判的特点和实践，研究探讨商务谈判心理理论在实践中的应用。

第一节　商务谈判的心理要素

　　国际商务谈判是人们为了满足需要，通过思维、语言进行沟通并达成一致的一个过程。确定谈判议题、报价、讨价还价、竞争和让步、策略和技巧的运用等谈判行为，无一不是由谈判者的心理活动支配的。在商务谈判中，既涉及个体心理因素，又涉及企业、谈判小组的群体心理因素。在谈判的不同议题和不同阶段上，双方心理认知上的差异性会导致分歧的存在，造成协调的困难，影响商务谈判的顺利进行。因此，要使谈判获得成功，谈判者必须仔细研究对方和己方的谈判心理，掌握不同阶段中谈判者的心理活动特点，以便能够利用对方的心理活动特征，使用相应的方案以及策略技巧，有助于帮助己方在商务谈判中占据主导地位。

一、需要与谈判

（一）需要的特点

所谓需要，就是人的自然和社会的客观需求在头脑中的反应，即人对一定客观事物需求的表现。需要和对需要的满足是构成谈判的动力，如果不存在尚未满足的需要，人们就不会进行谈判。人类的需要是多种多样的，但无论什么样的需要，都具有如下特点：

1. 对象性

在现实生活中，人们的需要是针对具体事物的一种感受状态，比如，货物谈判中的需要总是具体表现在价格、品质、包装、装运、保险、支付条件等方面，最终归结于通过谈判出售或购买某种商品。

2. 选择性

满足同一种需要所涉及的物和形式多种多样，比如，在国际商务谈判中，买方要想获得能够接受的价格条件，可以通过增加购买数量以获得数量折扣来实现；可以通过适当地降低购进产品的品质标准来实现；也可以通过减少某些非重要性的附加服务和利益来实现；还可以通过采用对卖方有利的付款方式来实现；等等。

3. 复杂性

商务谈判中的需要涉及谈判者的需要、谈判小组的需要、企业的需要，以上的这些需要属于个体需要、群体需要和组织需要等多个方面和层次，不同层次的需要和内容的满足程度差异性较大。所以说，国际商务谈判的需要具有复杂性。

4. 连续性

一般来讲，同一种需要总是不断地出现，被满足，再出现，再被满足，周而复始，不断循环。例如，企业的设备更新需要，首先是由于原有设备老化不能满足生产的需求，产生设备需要更新的需求；然后通过采购新设备，设备更新被满足，随着采购的设备运行到最大期限，企业又产生了新一轮更新设备的需要。

5. 发展性

需要的发展性，是指需要的内容和形式，随着社会生产力的发展、人类的进步，会由低级到高级，由以物质为主过渡到以精神为主，由简单需要到复杂需要，这种发展性既体现在谈判个体的需要中，也表现在谈判团体的需要中。例如，在有关商品的品质、包装材料、生产过程和生产工艺等方面，在不同时期，由于科学技术的发展、市场需求的变化、有关法律法规的限制，企业的需要是不同的，总的趋势是向高附加值、绿色环保、资源节约等方向发展。

（二）需要的分类

从与国际商务谈判有关的不同角度出发，需要可以分为以下不同的类别：

1. 按照行为支配程度划分

依据人们行为支配程度划分，需要分为主导需要和辅助需要。对人的行为起支配作用的是主导需要，而其他起影响作用的是辅助需要。比如，在国际商务谈判中，卖方咬定某一价格不变，可能是为了满足当前利润的需要，提升品牌价格的需要以及谈判者个人价值实现需要等多种需要。其中，对谈判者行为起主导作用的可以是提升品牌价值的需要，其他需要则是辅助需要。

2. 按照对需要的意识程度划分

根据个体对需要的意识程度不同，可分为显现需要和潜在需要。

显现需要，是指个体能够明显、清晰地意识到需要。比如，体现个体意识的尊重的需要、归属的需要、美的需要等。潜在需要，是指产生了但没有被个体意识到的需要。

如何发现并把握己方及对方的潜在需要？首先，谈判者应充分了解潜在需要的存在以及潜在需要对人的影响，以免在谈判中忽略潜在需要。其次，谈判者要在谈判实践中不断总结曾经出现的潜在需要。最后，谈判者应该具备敏锐的观察力和一定的策略技巧，保证能够及时、准确地发现对方的潜在需要。

3. 按照主体组织形式划分

根据需要主体的组织形式，需要分为个体需要、群体需要和组织需要。首先，诸如生理需要、安全需要、尊重需要、友谊需要、成就需要、自我实践需要等均属于个体需要。其次，对于谈判内容比较复杂的大型谈判，和谐的需要、沟通协调的需要、被认知和尊重的需要、企业给予支持的需要、获得谈判成功的需要等均是群体的需要，为了实现企业共同的经营目标则是组织的需要。

（三）需要在谈判中的运用

1. 从对方需要入手，为对方着想

如仅从己方的需要着手考虑，在谈判中会引起对方的反感。尤其当只考虑己方的需要，完全不考虑对方的需要时，在语言中不加任何修饰地把自己的需要赤裸裸地过分表现出来，极易引起对方的反感。

不可否认的是，大多数人比较容易接受看起来符合自己利益的提议。因此，谈判中的提议应该尽可能地考虑到对方的感受，这样双方更有可能达成一致。

2. 兼顾自己和对方的需要

在谈判中，要兼顾双方的需要，这样对方不至于否决方案，愿意进行合作，从而完成交易过程。在过程中既能照顾自己，又能照顾对方，谈判自然比较容易达成一致。许多对谈判的研究都强调谈判双方的沟通是利益的交叉，从自己和对方的需要和利益角度出发，双方在妥协的基础上达成协议。

3. 摒弃自己的需要，满足别人的需要

在商务交往中，这种情况有时也会出现，比如为了满足老客户的加急订单，不计成本地高价买进原材料，安排加班生产，紧急订舱运输，而且不在其他地方要求相应补偿。表面上看起来，是完全不顾己方利益，一心满足对方要求。但是我们都知道，这么做的目的只有一个，就是加强双方的友好合作，为今后关系的进一步发展奠定基础。此所谓舍眼前小利，顾长远大局。

4. 不顾对方需要，仅考虑自己需要

虽然这一做法会引起对方反感，但也可能运用在谈判中。例如，在谈判者处于非常强势的地位情况下，依靠自己有利的地位，想要在交易中得到尽可能多的利益，可以给对方少留余地，最终达成自己的需要。

二、情感与谈判

（一）谈判者的情感

情感是人对客观世界的一种特殊反映形式，是个体对已认识的客观事物是否符合自己的需要而产生的体验。在国际商务谈判中，谈判者通过认知过程掌握对方提出的各种交易条件，对方的举止言谈和谈判风格行为等，会使对方对上述认识随即产生肯定或否定、喜欢或不喜欢、满意或不满意等态度，这种态度也就会转化成他们的情绪或情感。情绪和情感是有某些区别的，引起情绪和情感的需要性质不同，导致情绪产生的需要主要是生理需要，而导致情感产生的需要更多的是心理需要。

（二）情感的特点

1. 情感的两极性

情感具有两极性，具体体现在：一是具有肯定和否定的两极性，肯定的情感包括高兴、喜欢、愉快、热爱、满意等；否定的情感包括生气、厌恶、憎恨、不满意等。二是具有积极与消极的两极性，积极的情感能够增强人们的活动能力，使人的活动维持较长时间，能够提高活动的效率和效果，消极的情感能够降低人的活动能力。

2. 情感的扩散性

情感的扩散性，又可称为传递性，人对某一目标或事物产生的情感体验会影响到其他人，使别人也产生相同的情绪和情感，这是情感的外扩散。还有一种称为内扩散，是指一个人对某一件事物产生了情绪，这种情绪会使这个人再看到其他事物时产生相似的情绪体验。在国际商务谈判中，情绪的扩散性体现了一种情绪在谈判者自身的扩散，在一方谈判小组之间的扩散，甚至扩散到谈判对手，使整个谈判中笼罩和蔓延着这种情绪。情绪是一把"双刃剑"，积极的情绪有利于谈判顺利进行，消极的情绪会影响谈判的进程。

3. 情感的逆转性

情绪在某种条件下，也可以从一极转化为另一极，或者在程度上加强或弱化，这体现了情绪的逆转性。在国际商务谈判中，我们开始可能由于判断的失误，会认为这场谈判难度不大，往往处于一种轻松的情绪下，随着谈判的深入，发现其中存在很大的分歧，情绪会逐渐紧张起来。反之，随着谈判的深入，紧张情绪也可能会不断弱化变为轻松。

（三）情感在谈判中的运用

1. 控制不利情绪的宣泄

在国际商务谈判中，由于谈判者的社会文化背景不同或者法律制度和价值观的差异，生活方式和个性的不同；或者由于谈判难度较大，延续时间较长，某些需要没有被合理地满足；甚至是由于谈判场所的通风、隔音不良等，谈判者难免产生不利的消极情绪。这些消极情绪一旦让谈判对手捕捉到，会被对方利用起来，形成对付我方的武器，好的谈判者会控制自己情绪的宣泄，不会轻易流露出情绪上的变化。

2. 调整对谈判不利的情绪

谈判的双方能否把自己的情绪调整到最佳状态，直接影响谈判能否进行下去、谈判者的谈判能力和水平能否正常发挥、谈判最终能否取得一个令双方满意的结果。如果双方谈判者产生了消极的情绪，就要利用可能的一切机会扭转或弱化这种情绪，尽快转移到积极的情绪中，这样在双方谈判中营造出的愉快、轻松、平静的心理气氛，会使双方分歧容易协商，能较快达成协议。

3. 管理谈判对方的情绪

谈判不仅要控制调整己方的情绪，还要时刻关注谈判对方的情绪流露及变化，通过采用相应的策略技巧，来激发对方某些情绪的产生，要善于利用对方的某些情绪，及时扭转或弱化对方的不利情绪，比如，在某些情况下，可以拖延时间，使对方产生焦躁、焦虑的情绪，促使对方积极主动提出方案，做出更大的让步。也可以通过鼓励和暗示的方式，促使对方强烈不满的情绪得以宣泄并充分释放，使对方不利情绪从强变弱后，再进行下一步磋商。

三、态度与谈判

（一）谈判中的态度

态度，是人对某些因素（人、物、事）的全面而稳定的评价，态度具有对象性、持久性、广泛性和社会性。所谓态度的对象性，是指态度总是针对某个人、某件事或某种现象。在国际商务谈判中，谈判者的态度主要针对某个谈判对手，或谈判对手的某个谈判目标和条件、谈判策略等。态度的持久性，是指一种态度在相当长的时间里维持不变，同时，长时间影响人们的行为效用。比如，某些企业在谈判和交易中惯用一些欺诈手段，一旦被对方发现，对方往往产生否定的评价，在今后的贸易活动中，都不愿意与这些企业进行合作。态度的广泛性，是指一种态度适用于所有的同类事物，而不是仅仅适用于单一的事物，比如，谈判者对某品牌的评价较差，就会对属于该品牌的所有产品都有不好的评价。态度的社会性，是指态度是在人们社会实践活动中产生的。因而，对某一事物的态度不是某个个体特有的，是群体共有的。

（二）态度的构成

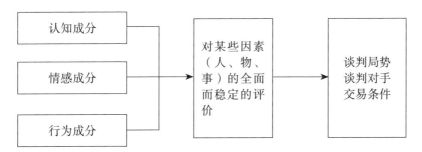

谈判中对某对象的态度由三部分构成：认知成分、情感成分、行为成分。

1. 认知成分

认知成分，是由谈判者关于某个事物的信念所构成的。通过知觉和思维等认识活动，谈判者对整个谈判局势，对影响谈判的多种因素，对谈判对手的风格、能力、诚信等都会有一个比较明确的认识或形成一个推断结果。

2. 情感成分

对某个事物的感情或情绪性反应就是态度的情感成分。比如，对某场谈判局势抱有悲观的情绪，由于影响谈判的多种因素极为不利而产生的畏难情绪，对谈判对手的风格和诚信的喜欢、满意或不喜欢、不满意的反应，对对方提出的交易条件的肯定、满意、否定等。情感成分是态度组成三部分中的核心成分，态度的情感成分是建立在态度的认知基础上的，态度的情感成分又会影响到态度的行为成分，即影响谈判者做或不做某些事的倾向。

3. 行为成分

态度的行为成分，是指一个人对于某事物或某项活动做出的特定反应的倾向，改变还是维持目前的谈判局势，接受还是不接受对方的交易条件，更换己方谈判人员还是迫使对方更换某些谈判人员等，这些都反映出态度的行为和倾向性。当谈判者对当前谈判局势的态度是不满或悲观时，就会产生退出谈判的行为倾向；当对方谈判者形成肯定的态度，就会产生合作、信任等行为倾向；当对方谈判者形成否定的态度，就会产生对立、刁难等行为倾向性。

（三）态度在谈判中的运用

1. 态度影响谈判者的认知

谈判者已经形成的态度，会影响到他们对整个谈判过程中有关谈判对手、谈判内容以及谈判过程本身的具体问题认识和评价。正确的态度可以使谈判者客观、全面、公正地认识和评价谈判对手的行为和表现；正确、公正地看待和理解谈判对手的意图和条件。错误的态度则会导致谈判者对谈判过程中的人和事物的主观、片面和歪曲的理解和认识。

2. 态度影响谈判者对事物的判断

态度影响谈判者对谈判过程中所发生的一切事物的判断，这些判断结果是根据他们的态度形成的，是在一定态度基础上进行的。因此，态度的正确与否是影响谈判者对事物判断和认识的根本因素之一。谈判者的某种态度一经形成，很难改变，特别是谈判者的信念、价值观等不容易改变。因此，带着既定的态度去判断谈判中所发生的事物势必不利于谈判进程。

3. 态度影响谈判者的行为表现

态度可以使一方做出积极或消极的反应：一方对另一方形成肯定的态度，反映到行为上，则是热情、喜欢、尊敬的行为表现；一方对另一方形成否定的态度，反映到行为上，则是厌恶、讨厌、憎恶的行为表现。我们的行为不仅受到自身态度所影响，而且受他人的行为、他人发现我们的行为动机的可能性、情景限定等影响。

四、知觉与谈判

（一）知觉的含义

知觉，是指个体对直接作用于感觉器官客观事物的各种属性的整体反应，它是在感觉基础上，把感觉到的材料加以综合整理而形成的对事物的完整印象。知觉是一个信息处理过程，在国际商务谈判中，尤其是在面对面进行的大型商务谈判时，谈判者需要接收和处理大量信息，包括影响商品交易的政治、经济、法律、文化等信息；包括商品本身的款式、形状、价格、运输、保险等信息；包括谈判对手的情绪、态度、精神状况等有关信息；还有双方成员沟通等信息，都是需要人为感知的。

（二）知觉在谈判中的运用

谈判者知觉的好坏会直接影响谈判的进程和结果。比如，在货物进口谈判中，进口谈判商的专家主要注重质量和售后服务，经济师则主要注重价格和效益，销售人员则主要注重销路，他们对各自所进口货物的知觉，都可能会因各自所从事的工作及其专业知识的不同产生差异。那么，在国际商务谈判中，对方成员出现了知觉偏差应如何纠正呢？

一般来说，只能"对症下药"，即首先了解对方各成员的经历、专业、兴趣等，然后针对对方专长发表"内行"意见，并适当纠正对方知觉上的偏差，才能达到己方在商务谈判中的利益最大化。

■ 案例阅读 5-1

美日高科技专利谈判

日本一家航空公司的三位代表，同美国一家企业的多位精明人士进行谈判。谈判从上午8时开始，美国公司的谈判人员首先介绍本公司的产品，他们利用了图表、图案、报表，并用3个幻灯放映机将其打在屏幕上，图文并茂，持之有据，以此来表示他们的开价合情合理，产品品质优良超群。这一推销性的介绍过程整整持续了两个半小时。在这两个半小时中，三位日本商人一直安静地坐在谈判桌旁，一言不发。介绍结束了，美国方面的一位主管充满期待和自负地打开了房里的电灯开关，转身望着那三位不为所动的日本人说："你们认为如何？"一位日本人礼貌地笑笑，回答说："我们不明白。"

那位主管的脸上顿时失去了血色，吃惊地问道："你们不明白？这是什么意思？你们不明白什么？"另一个日本人也礼貌地笑笑，回答道："这一切。"那位主管的心脏几乎要停止跳动，他问："从什么时候开始？"第三个日本人也礼貌地笑笑，回答说："从电灯关了开始。"那位主管倚墙而立，松开了昂贵的领带，气馁地呻吟道："那么我们怎么办？"三个日本人一齐回答："你们可以重放一次吗？"

你们希望谁赢？是那些精明强干、准确充分、打算抗击一切进攻的美国人，还是自称什么都不懂的日本人？谁再能够有最初的热诚和信心，重复一次持续两个半小时的推销性介绍，并且是冒着对牛弹琴的危险！结果，美国人士气受挫，要价被压到了最低。美国人所感受到的是：对这几位什么都不懂的可怜虫，我再放一次也是白搭。那感觉就像一个拳击师同一个瘦弱的小孩子对拳，简直没法下手。无奈，美国人只有降价了事。日本人以弱取胜，使谈判获得了成功。

生意交往中，往往会碰到这样一些人，或倚仗于强大的经济实力，高高在上，盛气凌人；或有众多的客户可供选择而悠然自得，等着坐收渔利；或掌握着关键的商业机密，待价而沽，牟取暴利；或久经沙场，老谋深算，故意耍弄威风，令对手误入陷阱。面对这些强硬的对手，稍有不慎，不仅生意难成，反会落下无限的懊恼与悔恨。因此，探索与强硬对手交锋并从中取胜之道，必令人大开眼界，受益无穷。

第二节　商务谈判中的心理学表现及应用

一、个体心理与谈判

谈判的主体是由谈判者个体组成的，谈判就是通过谈判者个体之间的接触、言行表现而进行的，谈判者欲在谈判中掌握谈判的主动性，就必须要了解人的一般心理特征，而人的一般心理特征主要表现为个性、情绪、态度等方面，本节介绍以上三种个性心理。

（一）个性

所谓个性，通常是指人的心理特征和品质的综合，具体表现为人的性格、能力、素质。人的个性在一定程度上影响和制约着人的言行。

从人的性格来说，人的性格往往是在社会生活中逐渐形成的，它往往决定着人对现实的态度、意志和情绪，因此在国际商务谈判中人的性格往往对谈判结果影响极大。

从人的能力来说，人的能力是人心理素质和技能的综合反映，具体表现为体能、知识、性格和教养等。能力有个体差异，能力直接影响行为的效率和结果，能力强的人比能力弱的人会有更高的效率。

从人的素质来说，素质是一个人体能和教养水平的综合体现，是从事一切活动的基本素养，也是一个人在社会生活中思想与行为的具体表现。在社会上，素质一般定义为：一个人文化水平的高低；身体的健康程度；以及家族遗传于自己的惯性思维能力和对事物的洞察能力；管理能力和智商、情商层次高低以及与职业技能所达级别的综合体现。

作为国际商务谈判人员，在平时就应该对自己个性有所认识，并注意克服自己的个性缺陷，通过利用观察、交谈、了解和分析等方法，掌握谈判对手的个性特征，以便针对不同的谈判对手选择不同的谈判策略。

（二）情绪

从心理学上讲，人有喜怒哀乐的体验，这种体验是人对客观事物看法的一种本能反应，此种反应称为情绪。情绪具有肯定和否定的性质。凡能符合满足一个人需求的言行和事物，就会引起肯定性质的体验；凡违背或不能满足一个人的需求时，就很可能引起他否定性质的体验。

正因为如此，有经验的商务谈判者，不但能控制自己的情绪，比如在谈论重要议题时，保持高昂的情绪，在迫使对方让步时，又故意"伪造"成消极的情绪等，而且还能够有意识地调动和控制对方的情绪。

（三）态度

人的态度核心是价值，也就是说，人对于所接触对象的态度取决于该对象对其所具有价值的大小。因此，在国际商务谈判中，若想使谈判对手保持积极合作的态度，就必须使对方意识到谈判的成功对其具有重要价值，并经常提醒对方，若不保持积极合作的态度就很难使谈判进行下去。了解人们态度的表现特征，有助于谈判者因势利导地转变对方态度，引导对方在谈判中保持积极合作的态度。

二、群体心理与谈判

（一）群体的概念及特征

所谓群体，是指由两个以上的个体组成、为实现共同的目标，遵守共同的规范而相互联系、影响和配合的个体组合体。群体介于组织与个体之间，若是人的组合体即为人群。

人群常具有以下特征：

1.由两人以上组成

作为群体，必须由两个以上的个体组成，但又并非像一个组织那样庞大，因此是一个介于组织和个人之间的组合体。

2.有着共同的目标

作为群体，必须有一个共同的目标，并且该目标通常是具体的。群体成员之间为了实现共同的目标必须相互配合、取长补短，既有分工，又有合作。

3.有严明的纪律约束

群体成员之间既要有明确的职责分工，又必须统一认识，一致对外，特别是当个人意见与集体意见发生冲突时，就必须做到个体服从群体，少数服从多数，局部利益服从全局利益，眼前利益服从长远利益。要想做到这一点，必须制定严明的群体内部行为规范，以约束群体成员。

（二）商务谈判中的群体效能

所谓群体效能，主要指群体的工作效率和工作效益，谈判实践表明，群体效能不等于个体效能的简单累积，如果能有效地调动群体内部各成员之间的积极性，使之密切配合，那么群体效能就会大于群体内各个个体效能之和。相反，如果群体内部之间存在矛盾，则会由于内耗而使群体效能小于各个个体效能累积。因此，力争群体效能最大化是每一个谈判负责人应尽的职责。

（三）实现谈判中群体效能最大化

1.合理配备群体组员

实践证明，在配备谈判组员时，要根据谈判内容、时间、地点和对方组员的状况以及我方组员的素质等灵活确定，保证谈判组员素质最优化和各组员潜能发挥最大化。具体来说，谈判内容越复杂，对方组员的素质越高、谈判地点在中立地或客场，那么己方配备的组员在知识结构、能力、性格、年龄等方面的差异也越应多元化。因为群体结构的多元化在应付复杂、艰难的工作时的效能要比群体结构单一化所发挥的效能高得多，但前提条件是，淡化群体内部的竞争意识，杜绝不必要的内耗，强调群体成员的协调合作有利于群体效能在谈判中发挥作用。

2. 群体决策优于个人

群体决策和个人决策相比，群体决策的准确性较高，但耗费时间较长，决策速度较慢；个人决策的速度较快，可应付突发事件，然而决策的准确度也相对较低。群体决策由于是在群体内部成员均参与的情形下做出的，每个成员对决策的内容、意义、目的和实施方法都比较清楚，因此，实施起来阻力小、行动迅速，效率也高。个人决策由于是在缺乏沟通的情况下做出的，每个成员对决策的意义、目的和实施方法缺乏深刻的认识和了解，因此在实施决策时必须进行细致的解释，耐心的说服，循序渐进地推行，以实现群体效能最大化。

三、挫折心理与谈判

（一）谈判中的挫折理论

当人们期望实现某一目标，但在实现目标过程中遇到了各种自感无法克制的干扰、阻碍，并且最终无法实现目标时，会产生焦虑、紧张、愤懑、沮丧等心理感受，这种心理感受称为心理挫折。心理挫折是一种主观感受，相比于实际上的行动挫折，人们的行为活动，在客观上遭受挫折是经常的，但并不是人们一遇到挫折，就会产生挫折感，而且面对同一挫折，不同人的挫折感程度不同，因此人的挫折感具备三个主要条件：

第一，个人所期望的目标是重要的，强烈的。目标越是对个人的意义重大，一旦实现不了产生挫折感的可能性就越大。

第二，个人认为这个目标是一定能够达到的。即对实现目标的期望值很高，当一个意义重大的目标，个人以为能够实现而没有实现，就会产生挫折感。

第三，在目标与现实中存在着没有预料到的，难以克服的障碍。如果一个人事先已经了解到可能会遇到很多困难和阻碍，已经有了思想准备了，目标没有实现不会产生挫折感，或者挫折感不是很强烈，反之则会产生强烈的挫折感。

（二）心理挫折的行为反应

心理挫折是人的内心活动，它是通过人的行为表现和摆脱挫折困扰的方式反应出来的，具体表现为：

1. 攻击

攻击，是指人在受挫折时所产生生气、愤怒的心理状态，以及由此导致的过激行为。比如，当卖方认为关于某项交易条件所设定的目标应该实现而没有实现时，在接下来的谈判中所表现的语言过火、故意刁难、挑衅煽动等行为。攻击行为显然不利于谈判。不同的人攻击程度不同，这主要受个体心理特征、受教育程度、经验阅历等因素影响。

2. 倒退

倒退，是指人在遭受挫折后可能发生的幼稚的、儿童化的行为，比如像孩子一样的哭闹、赌气、任性，企图威胁对方在其他方面给予优惠条件，或用这种行为来换取对方的同情。例如，"你在这个方面没有给我优惠，我很难过。你一定要在……方面给我优惠。"并声泪俱下。倒退行为对谈判影响的程度要小于攻击产生的影响。

3. 畏缩

畏缩，是指人在遭受挫折后对实现目标失去信心，消极悲观、孤僻离群、自我封闭、盲目服从等行为表现，这种行为是一种消极的表现。

人在谈判中遭受挫折，都易出现攻击、倒退、畏缩等行为，显然是不利于谈判的。不同的人攻击程度不同，这主要受个体心里特征、受教育程度、经验阅历等因素影响。在挑选谈判成员时，要尽可能选择那些理智的人，能够自我调节和控制的人，经验丰富、见多识广的人。

四、期望心理与谈判

（一）谈判中的期望心理

期望，是指一个人希望自己的行为在一定时间内达到的目标或结果，即人的一种欲求和希望。期望是人在一定时期内的预订实现目标或希望获得的结果。一个人期望实现某个目标，就会向着这个目标去努力，所以说，期望激发人去行动，使人的行动具有动力和指向性。

期望值，是指人们希望实现目标的高低。期望值高低直接影响人们的活动效能。期望值高，只有更加努力才能实现，人的潜能就会被充分挖掘出来，而期望值低，不用做什么努力就能实现，人的潜能发挥就受到了限制。

期望水平的高低受多种因素的影响，诸如人的能力、经验、所处环境和条件等，但最重要的是人的自我意识，所谓自我意识，是指人对自己的自我认识、自我评价以及自我调整。当一个人对自己的自我评价提高时，我是一个有能力的人，我是一个坚毅的人，就会对自己充满信心，对自己行为期望值就相应的高。反之，一个人对自己的认识、评价低，就会失去自信心，对自己行为期望值就低。

（二）期望心理在谈判中的运用

谈判者希望谈判实现一个什么目标，达到一个什么结局；希望自己在谈判中如何行事，起到什么作用，这都属于一种期望。期望值的高低在一定程度上能影响谈判者的心理。期望值太低，缺乏激励，不能激发谈判者的积极性、创造性和最大的潜能。但如果期望值太高，是主客观条件无法达到的，又会使人在行为中失去信心，使谈判困难重重，出现悲观、失望的情绪，影响谈判的正常进行。因此，每个谈判者应对谈判以及谈判过程中涉及的各项交易条件形成合理的期望值。

1. 期望值要明确

谈判者最初要对谈判整体和具体的每个交易条件有明确的期望值，明确的期望值实际上为谈判确定了一个明确的目标，有利于谈判人员的观点、看法和行为形成统一性，有利于激发谈判人员的潜能。

2. 期望要具有层次性

例如，对于成交价格，要制定最大期望目标、最低期望目标和最可能实现目标。对谈判期限要制定出最早期限、最迟期限等。作为卖方，一次交易中的最高报价往往就是最大的期望目标；而某些时候，某单位产品的成本就是最低期望目标，成交价格不能低于这个目标，而在充分考虑到外部影响因素，考虑到双方的利益和对方的接受程度而定的最可能实现的目标，对谈判者的行为影响最大。

3. 期望值要合理

谈判期望值过高，往往使谈判者压力过大，或者为实现目标而不择手段，或者采取放弃的态度，往往不能激发谈判者的创造性和潜能。所以，谈判期望值过高过低都是不科学的，在确定期望值时，应该遵循期望值合理适宜的原则。

■ **案例阅读 5-2**

20世纪80年代，中国文化部曾与美国一方谈一项有关中国考古文物在美国巡回展览的合同。这些珍贵的文物需要投保，而中美双方的保险公司都想承保。很久双方都决定不下来到底由哪家公司承保。中方坚持由中国人民保险公司承保，该公司愿意以200万美元的价格提供保险，但若展品遭受恶意伤害就不承担保险责任，这一点显然成为争议的焦点之一。双方谈判陷入僵局。中方谈判者提出要等上级的指示，建议双方把这个问题放一边先讨论其他次要问题。在此期间，美方进行了大量的资料查询工作，与其国内同行联系获取保险费率方面的信息，并把与中方的谈判细节告知他们。几天后，美方获得一国际保险公司的报价。因此，美方向中方指出"某某公司的保费仅为150万美元；某某公司承保恶意伤害险"，等等。美方最后提出很愿意由中国人民保险公司承保，但条件是其保险费和某国际公司报价一致。最后结果是，中方放弃了这次展览的承保要求，由一家美国公司承保。

■ 案例分析

本案例中，中国谈判者以获取上级审批和同行支持为借口回避问题，当谈判陷入僵局时，他们倾向于将冲突先放一边，拖延以等待好的时机再解决。再者，回避矛盾和体谅宽容都显示了中国商务谈判者对和谐关系的珍视。他们相信暂时回避冲突可维持友好和谐的氛围，也可避免冲突升级。与非冲突型的中国谈判者形成鲜明对照的是，美国谈判者似乎更主动和直接。他们不回避矛盾而是采取积极应对和解决冲突的态度，而且时间观念强，注重效率和经济利益。在谈判场外做了大量的收集资料的工作，如向国内同行询问保费等，争取足够的证据来支持自己的观点。他们坚持认为其他公司报价更加优惠，提出若中国人民保险公司降低价格和国际保险公司报价保持一致才有可能让其承保，体现了美方直截了当的竞争型的冲突解决方式。最后，美国谈判者选择了一家美国公司投保，显然他们把生意和关系分得一清二楚，并不会因为碍于关系面子而向中方妥协。而中方最后放弃了继续争取，体谅了对方的选择。

第六章

国际商务谈判的策略

本章学习目标

1. 了解商务谈判策略的基本含义与其形成

2. 熟悉商务谈判的类型以及各阶段策略，并灵活运用

3. 熟悉商务谈判过程中僵局的处理并有效化解

案例导入>> 我国在与俄罗斯修建石油管道的谈判中遇到了来自日本的挑战，使俄罗斯在修建通往中国还是通往日本的输油管道的问题上犹豫不决。在这种情况下，中方如果只是一味地依赖于俄罗斯这一条输油管线的修建必将使自己陷入被动，因此中国为了减少对俄罗斯的依赖，同时增加自己的谈判力，开始探索与我国的另一邻国之间修建输油管道的谈判。这种做法的目的就是提高中方的谈判力，并使俄罗斯不得不慎重考虑如果失去中国这个市场将对俄罗斯的经济利益造成的损失。

在上述案例中，我国在与俄罗斯修建石油管道的谈判中使用适当的策略对最后的谈判结果产生了很大的影响。因此，在实际的商务谈判中，谈判双方为了使谈判在最大限度上接近预期，将根据双方的谈判实力及其他影响因素制定并运用一系列相应的谈判策略。在长期实践中，谈判人员根据谈判中普遍存在的问题及其解决方式总结出不同阶段、不同类型的谈判策略。本章试图通过对一些常见的谈判策略进行概述，使谈判人员掌握一定的谈判策略，并能在谈判中灵活运用，不论谈判对手如何出招都能够见招拆招，泰然处之。

第一节　商务谈判策略概述

一、商务谈判策略的含义

商务谈判策略，是指在谈判过程中谈判者为达到己方预期目标所采取的行动方针和行为方式。谈判活动和谈判策略总是相生相伴、互相促进的，无论何种类型的谈判活动，买卖双方都希望自己能够获得更多的利益，比如卖方期望更高的价格、买方期望更加物美价廉的商品。虽然在谈判前双方会各自确定临界目标即被迫接受和不能接受的最低条件和理想目标，但双方的预期目标往往存在冲突，而利益天平向何方倾斜往往取决于谈判策略的应用。因此，谈判策略的运用经常使得在谈判场上上演一幕幕明修栈道、暗度陈仓、步步为营的生动剧本。

商务谈判策略具有以下特性：一是谈判策略具有主观性，谈判策略不同于谈判背景、实力等客观条件，是在客观条件的基础上通过实践达到预期谈判目标的手段；二是谈判策略具有灵活性，一般来说在谈判开局前都会对本场谈判所运用的策略进行预估，但谈判策略并非一成不变，要根据谈判对方的反馈随时做出调整，谈判前一成不变的决策不能称为谈判策略；三是谈判策略具有复合性，商务谈判中所运用的单一的战术、技巧都可以是商务谈判策略的一部分，谈判中所运用的技巧、手段等是交叉联系、密不可分的，单一的技巧或战术不能称为商务谈判策略。

二、商务谈判策略的形成

商务谈判策略的形成过程是指根据辩证思维来制定谈判策略的逻辑步骤。主要步骤包括以下方面。

（一）谈判背景分析

对谈判背景的分析是制定商务谈判策略的第一步。谈判者应从全局出发分析谈判中的问题、分歧以及其他影响因素，搜集整理相关的信息情报，将谈判的大背景分解为不同的部分，相应地找出对己方最有利的形式。

（二）确定关键问题

在对谈判信息进行全面搜集和科学的背景分析后，抓住主要矛盾，找到关键问题，才能针对谈判中的进退趋势随机应变实施策略，以达成最有利的协议。确定关键问题要求谈判者认清谈判中存在的诸多问题的性质、特点，看破谈判的症结所在及其产生的原因。

（三）确定预期目标

谈判的策略目标是策略实施所达到的目标。确定谈判的预期目标关系到谈判的归宿和方向。通过对背景、关键问题以及对己方条件的分析得出结论，对各种可能进行动态判断来确定目标，以便谈判达到满意的效果。

（四）形成多个解决方案

多个假定解决方案的形成是制定谈判策略的核心和关键。解决方案的形成需要谈判人员以之前的工作为基础，大胆创新，解放思想，尽量多地形成既能够满足预期目标，又能解决谈判问题的假设性解决方案。解决方案需要全面、有效并且切实可行。

（五）全面分析并形成策略

这是谈判策略制定的最后一步，也是策略应用的开始。谈判人员需要对之前提出的各种解决方法进行定性定量论证，分析优劣，权衡利弊，对所有方案"组合"，最终形成具体谈判策略。与此同时，根据博弈论思想，也要考虑对方所采取的策略，根据对对方策略的预判相应地调整己方的商务谈判策略。

■ 案例阅读 6-1

中美玻璃生产设备引进谈判

我国浙江省一家玻璃厂就玻璃生产设备的有关事项与美国诺达尔玻璃公司进行谈判。在谈判过程中，双方就全套设备同时引进还是部分引进的问题发生分歧，双方代表各执一端，互不相让，导致谈判陷入尴尬的僵持局面。在这种情况下，为了使谈判达到预定的目标，我方玻璃厂的首席代表决定主动打破这个僵局。我方谈判代表思索了片刻，于是主动面带微笑地换上一种轻松的语气，避开双方争执的尖锐问题，向对方说："你们诺达尔公司无论在技术、设备还是工程师方面，都是世界的一流水平。用你们的一流技术和设备与我们进行合作，我们就能够成为全国第一的玻璃生产厂家，利润是非常可观的。我们的玻璃厂发展了，不仅对我们有好处，而对于你们公司的利益就更大，因为这意味着你们是在与中国最大的玻璃生产厂合作，难道你们不是这样认为的吗？"

对方的谈判首席代表正是该公司的一位高级工程师，听到赞扬他的话，他立即表现出很高兴的样子，谈判的气氛顿时豁然开朗，双方之间一下子就轻松活跃起来。我方代表趁机将话题一转，强调资金的有限是客观现实，我方无法将设备全部引进，迫不得已才提出部分引进的想法。同时，还强调其他很多国家与我国北方的一些厂家进行谈判和合作，如果他们仅仅因为不能全部引进设备这一小问题而不能投入最先进的技术和设备，那么就将很快面临着失去中国市场的不利局面。

对方代表听到这番话，终于意识到双方合作的广阔发展前景，如果因为设备引进规模的问题而不能够顺利达成协议，不仅将要损失暂时的经济利益，而且还要面临失去中国市场的严峻考验。竞争如此激烈，一旦被别人占领，很难再进入中国的市场；另外，引进部分设备对整体利益影响不大。至此，在双方进一步讨论后，顺利达成了部分引进设备的协议。

在这次谈判中，我方玻璃厂不仅成功地节省了大笔的外汇，而且该厂在诺达尔公司的帮助下迅速发展起来，最终在市场竞争中顺利占得先机，成为同行中的佼佼者。

第二节　商务谈判策略的类型

谈判场上，双方对谈判问题的态度以及预期目标都会成为决定谈判策略的重要因素，由于商务谈判策略实质为谈判中一揽子的行为方式，可根据己方所采取行为的不同性质，将谈判策略简单地划分为保守型、进攻型和综合型策略。

一、保守型策略

当己方在谈判中对对方尚不了解、对方进攻态势猛烈或者不期望过早亮出己方底牌时，可以采取保守型策略。保守型谈判策略可分为以下几种：

（一）抛砖引玉策略

当己方对对方的商业习惯和谈判意图等不太清楚时，可采取抛砖引玉策略，巧妙迂回地向对方提出问题，并引导对方正面回答，从而获得在谈判前无法得知的宝贵信息。抛砖引玉策略的应用需要遵循以下规则：

第一，提出的问题要恰当。所谓恰当是指提出的问题能够得到对方的回答，"恰当"不仅要求提问者能够提出有价值的问题，还要求提问的语气态度符合谈判的形势并尊重对方的意愿。提问一方面可以快速高效地获得有价值的信息，另一方面也体现了己方的态度，因此在提问中应尽量避免有敌意的问话。例如，在买卖合同的再谈判中，买卖双方就分批交货合同的质量问题进行了激烈辩论。买方坚持认为卖方所交货物第五批与合同规定不符，对卖方说："由于第五批货物与合同规定的质量不符，如果你们不能证明你们的生产能力，我们就向其他供应商订货了。"卖方反驳说："第五批货物的质量问题出现的原因我们会严查，但仅凭一批货物的质量瑕疵，你们凭什么主张撤销整个合同？"这样的提问具有强烈的主观臆断和敌对情绪，一旦出现这样的问题，很容易使谈判陷入僵局，不欢而散。所以，谈判中抛出的"砖"必须能够准确恰当地达到提问的目的，否则将会适得其反。

第二，提出的问题要有目的性。谈判的最终目的是达成交易，因此谈判人员在谈判过程中提出的问题要有针对性，不要过于发散，尽量把答案引到谈判中需要解决的问题上去，并且根据己方对信息的掌握程度控制对方回答的范围，使得每一次发问都有价值。例如，谈判人员可以在谈判过程中就对方刻意避开或犹豫不决的地方发问："刚才咱们已经谈妥了利率，但是对租赁的保证金方面您怎么看呢？""您刚才提到倾向于水上运输方式，那么您更倾向哪一种贸易术语？""您对我们的消费者调查报告有什么问题吗？""对于我们的货物您还有哪些不满意的地方"等，通过提出这些问题来解决谈判中出现的症结，促成交易的达成。

第三，尽量掩盖己方的意图。谈判力的大小很大程度上取决于谈判双方对对方情况的掌握程度，因此在提问中应尽量掩盖己方的意图，减少己方信息的暴露，在对方反问时减少争辩，在提问时也不必过多地陈述己方的想法。

常见的抛砖引玉的方式有以下几种：

（1）如果我们延长设备的租赁期限呢？

（2）如果我们选择到付一次性付款呢？

（3）如果我们订货的数量翻倍呢？

（4）您对我们的产品质量有什么意见吗？

（5）您倾向于什么合同形式？

（二）沉默寡言策略

沉默在商务谈判中可以很好地防御对方的进攻，沉默寡言策略一般是指在谈判中不开口或较少地开口，结合提问的方式先让对方大篇幅地陈述对方的观点，使对方的意图尽可能多地暴露，己方谈判员再根据对方的情况采取下一步的措施。

所谓"言多必失"，这里的"失"是指在谈判中越夸夸其谈，对方掌握的信息越多，从而使己方处于劣势。同时，沉默会给对方造成心理压力，更容易让对方在压力下产生妥协的念头或者方寸大乱，进而削弱对方的谈判力。

沉默寡言策略的应用应注意以下几点：

第一，事先预计，形成统一。选择沉默的时机非常重要，在谈判前如果预计到对方将咄咄逼人或者双方报价差距较大的情况，采取沉默的方式可以打压对方嚣张的气焰并缩小双方报价的差距。由于在沉默中，对方仅能根据己方谈判人员的行为做出判断，因此在谈判前应统一谈判人员在沉默中的行为语言和沉默寡言策略开始以及结束的时点。

第二，细心观察，沉着冷静。在沉默中认真倾听对方的陈述，并通过分析其语调、措辞以及行为语言判断对方的心理状态，提取有效信息。除此之外，沉默会对谈判场上的谈判人员造成压力，己方的谈判人员一定要沉得住气，时刻冷静分析，才能使对方不知所措。为了对抗压力，己方人员可以将对方的陈述记录下来，进一步对其施压。

（三）留有余地策略

谈判中，双方都会在唇枪舌剑和激烈辩驳中不停地设计陷阱，以求己方利益最大化。然而，若不能确定对方的所有条件就将己方的临界条件全盘托出，就会失去谈判的筹码，不仅会损失己方的利益，还容易造成谈判的失败。因此，在谈判中采取留有余地策略实际上可以为己方争取主动地位。比如，在价格谈判中卖方的报价往往高于自己的底价，报价和底价之间的价差就是卖方给自己留出的让步空间。

留有余地策略的应用有以下几点需要注意：

第一，不做无谓的迂回。在谈判中不可冒进，但也不可不进。谈判是为了得到一个双方都能接受的结果，无谓的迂回会使谈判失去焦点，阻碍谈判的推进。留有余地策略的使用应是有目的的，对谈判起积极作用的，绝非在对方提出己方难以接受的条件时长篇大论，而应在促成谈判的基础上，实现己方的最大利益。

第二，耐心等待。在协议达成时，锁定对方的条件，只有在确认对方没有其他条件的情况下，才能亮出底牌，在此期间，己方应始终保持留有余地的策略，耐心等待对方的承诺，避免冒进，为己方争取谈判的余地。

留有余地策略可以有以下几种方式：

（1）贵方产品质量实属卓越，我们也非常乐意与贵方合作，但我们实在资金有限……

（2）贵方也可以看到我们的生产成本，这样的价格已经是非常优惠的了……

（3）贵方的确诚意满满，但这样的价格我们实在没办法向老板交代……

（4）我们在贸易术语方面是不是还有其他选择……

（5）我们认为市场价格还会出现波动，这样的报价是否应该再考虑一下……

二、进攻型策略

进攻型策略是指谈判人员在谈判中具有较强的攻击性，从而在谈判中争取主动地位的策略。进攻性策略的特点是主动进攻，态度强硬。进攻型谈判策略有以下几种：

（一）针锋相对策略

针锋相对策略是逐一驳回对方提出的条件并陈述己方观点、强调己方立场的做法。具体做法为：对方提到哪一点，己方马上反驳或是与对方进一步商讨。例如，在国际货物买卖谈判中，卖方说："我们的货物价格是按照CIF项下计算出来的。"买方道："CIF项下的运费没有这么高，贵方的报价是不合理的！"或者在专利使用许可的谈判中，一方道："我方的报价为……"另一方驳回："您报出的专利使用费远远高于同行业的平均水平，您能向我说明一下原因吗？"

使用针锋相对策略时要注意：针锋相对要求谈判双方就一个问题进行探讨，己方的反馈应该与对方提出的条件属于同一范畴，尤其要注意己方的反馈不要偏题，否则"驴唇不对马嘴"会造成双方的误解，可能导致谈判搁置。同时，己方的偏题也会使锐利的言辞失去攻击性，从而使主动地位被削弱。

（二）锱铢必较策略

锱铢必较策略是对对方提出的诸多条件进行详细询问并分别谈判，力求在每一项条件中都为己方争取最大利益的策略。具体做法为：详细记录对方提出的条件，并对每一条件分别进行谈判，而非将"一揽子"条件打包后谈判。例如，在生产线引进谈判中，卖方提出："我方首先提供一个价值为380万美元的完整生产线，再加上价值为55万美元的关键零部件和前往中国指导生产线安装和试运行的专家费用，价格条款为FOB。"买方道："贵方的报价有些超出我们的预期范围，我们先来谈谈生产线的价格。"

使用锱铢必较策略要注意：锱铢必较虽然是对每一项条件分别进行谈判，但因为条件的重要性不同，应该对谈判条件有大体的把握，抓大放小，不要对每一条件平均用力，将主要精力放在己方最期望得到利益或对己方影响最大的条件上，对于细枝末节或对己方影响不大的条件可以适当取舍。

（三）一针见血策略

一针见血策略是当谈判双方在某些问题上纠缠不休时，处于主动地位的一方率先打破僵局，向对方提出己方最后的交易条件，对方要么让步或接受己方条件，要么面临谈判破裂的局面，逼迫对方做出选择的策略。一针见血策略可以在很大程度上推进谈判，在谈判僵持不下时起到决定性作用。具体做法为：在谈判无法继续时向对方提出最后的交易条件。例如，在融资租赁谈判中，承租和出租双方始终在利率问题上僵持不下，出租方道："如果贵方始终坚持6%的利率，那么和银行贷款利率也没有什么差别，我们在这里能不能再通融一下，毕竟谈判还是要互利共赢。"

使用一针见血策略要注意以下几点：

第一，使用一针见血策略的一方要确定自己处于主导地位。当己方处于强势地位时，才能迫使对方让步，继续谈判并达成协议。如果局势尚不明了，盲目地使用一针见血策略进攻只会由于己方暴露信息过多使得地位被削弱，甚至会因为咄咄逼人的态度导致谈判的破裂。

第二，使用这一策略时要言辞委婉，时机恰当。若在谈判中言辞激烈容易伤害对方，甚至造成对方的反弹。委婉的言辞既可以达到目的，也可以使对方感到被尊重。除此之外，最后的一针见血往往是在对方已经做出了某些付出，这时再使用一针见血策略，使得对方难以放弃之前认同的条件，进而做出让步。

第三，一针见血的内容要留有余地，一方面留下可以谈判的空间，另一方面也要给予对方考虑的时间，不要将对方逼至无路可走，而应设法让对方在己方的条件中选择一条出路。此外，立场的转变也需要时间，己方谈判人员应该给对方考虑的余地，不至于显得咄咄逼人，弄巧成拙。

三、综合型策略

综合型策略是指谈判人员在谈判中同时使用进攻型策略和保守型策略。在现代谈判中，谈判场上瞬息万变，单一的谈判策略很难达到既定的目标，因此在谈判中大多采用综合型谈判策略。综合型谈判策略可分为以下两种：

（一）以退为进策略

以退为进是指在谈判中语言和态度软硬结合，以形式上的退让换取实质上的前进的策略。一味地采取保守型策略会降低己方的谈判力，使对方觉得己方软弱可欺；而一味地进攻很容易激起对方的反感，引发冲突。以退为进通过己方的退让在一定程度上先满足对方，使其放松警惕，进而满足己方的某些要求，达到己方的真实目的。主要表现为先顺从对方，后反守为攻。

以退为进的应用要注意以下几点：

第一，让步适中。"退"不要"退"得太快，一方面，在让步中仍然要为己方留有谈判的余地，以便在接下来的谈判中仍能够占据相对主动的地位；另一方面，让步太大会使对方怀疑己方有诈，不仅不会满足对方的心理，还会使对方加强戒备。

第二，不做无谓的让步。每一次让步都是以换取对方的让步为目的，不要只退不进，可以适当强调己方的困难来争取对方的谅解。

第三，让对方先表露观点。在退步中要隐藏己方的目的，通过增加对方的暴露来增大己方回旋的余地。例如，在买卖合同谈判时，卖方道："我方的成本贵方也能看到，这个价格不能再降低了，不知道是否达到贵方的期望？"

（二）货比三家策略

货比三家是指，在某笔交易中，采购方同时与多个供应方进行谈判，通过综合比较各方的条件，最终确定对己方最优的一家供应方的策略。这一策略扩大了采购方的选择范围，降低了采购方对单一供应的依赖，也增加了采购方的商讨余地，是一种使采购方处于主导地位并以最低成本获得最优条件的策略。

在使用货比三家策略时要注意以下几点：

第一，选择的谈判对象实力相当。谈判对象有可比性才有谈判的必要，如果谈判对象实力相差过于悬殊，则没有可比性。实力相当并非仅指公司的规模、技术，专一的中小企业和综合类大公司也有实力相当的可能。

第二，科学对比。货比三家的策略会产生大量的信息，因此采购方要在谈判前形成一套快捷的对比方法，摒弃个人感情因素，尽快产生客观结果。

第三，合理安排时间。在谈判开始前应规划好谈判流程、分组以及人员安排等，以便及时汇总各组信息，公告谈判结果。

■ **案例阅读 6-2**

金龙公司跨国专利纠纷案的思考

河南省新乡市金龙精密铜管集团股份有限公司（以下简称金龙公司），是一家河南重点企业，该公司专业生产制造制冷冰箱、空调用的精密铜管。金龙公司于1991年4月15日引进了芬兰奥托昆普公司（以下简称奥托公司）第一条铜管生产线，这也是我国国内的第一条铜管生产线。为此金龙公司支付了巨额的专利使用费，在许可协议中奥托公司许可金龙公司制造、销售和出口铜管的权利。此专利在1988年3月26日得到了中国专利局授权，专利号为88101739.6。经过10多年的发展，金龙公司在吸收国外技术的基础上，以技术为突破口，先后申请了中国专利10多项，也成功收购、兼并、控股了国内10家中资日资企业。

金龙公司铜管产量超过了世界第一大铜管厂德国KME公司，成为国内外众多知名企业的铜管供应商。金龙公司以世界一流的品质和合理的价格，先后进入了日本、韩国及东南亚市场，并将战略目标扩展到了欧洲和北美市场。金龙公司的崛起，也引起了世界其他各国铜管企业的忧虑，曾许可金龙公司专利使用权的芬兰奥托公司面对金龙公司的挑战，也把位于美国、西班牙、马来西亚等地的铜管生产厂售出，只保留了总部的技术研发中心。

鉴于奥托公司的88101739.6号专利将于2003年3月26日在中国的专利保护期结束，金龙公司2001年4月25日与奥托达成了一份备忘录。金龙公司通报了将打算在奥托公司中国专利保护期结束时，在新乡再建两条铜管生产线，并和日本一家公司合资在上海浦东再建一个铜管厂，并邀请芬兰奥托公司参与合作。奥托公司声言不参加合资，但表示积极支持金龙公司的生产建设。但是，我国为了加入世贸组织，在一些知识产权法律规定方面开始与国际惯例接轨，2001年12月10日，国家知识产权局发布了第80号公告，规定在中国申请了发明专利的保护期，将由原来的15年延长到20年。与此同时芬兰奥托公司在中国授权的88101739.6号专利的保护期也延长到了2008年3月26日。于是芬兰奥托公司立即通知金龙公司，他们不同意金龙公司在新乡的两条铜管生产线建设，同时要求金龙公司已付费50 000美元的第三条生产线在2003年3月26日以后，也不能再生产，要另行付费。2003年3月，芬兰奥托公司以金龙公司三条生产线专利侵权为由，向河南省知识产权局提出侵权申诉，要求每条生产线支付专利许可费400万元人民币。

在中国有色金属加工工业协会的支持下，2003年4月，先后接到芬兰奥托公司专利侵权指控的中国7家铜管生产企业，联合向国家知识产权局专利复审委员会对芬兰奥托公司的这项专利提出了无效请求，提供证据证明，这项专利技术在申请专利以前，曾在多国、多家企业得到应用，不符合《专利法》规定的创造性的要求，并指出该项专利曾于1999年4月在德国联邦法院被宣告无效。2004年2月22日，专利复审委员会宣告芬兰奥托公司ZL：8801739.6号发明专利无效。

2004年6月，芬兰奥托公司不服裁决向北京市第一中级人民法院提起行政诉讼。2004年12月，北京第一中级人民法院作出维持专利复审委员会宣告的判决。

此时，金龙公司接到美国一家空调制造厂GOODMEN公司、日本丸红公司美国分公司的订单已于2004年12月装满27个集装箱驶离中国天津口岸。当月金龙公司收到芬兰奥托公司发来的律师函，声称金龙公司出口美国市场的铜管侵犯了其在美国的专利，要求美国客户终止从中国进口并销毁库存产品。面对突如其来的变故，金龙公司召集公司高层外贸人才、河南省知识产权局专家以及北京、厦门、香港的专利代理人、律师，商讨对策。最后金龙公司委托一家香港律师事务所，找到美国处理知识产权官司的丹尼斯律师事务所。丹尼斯律师事务所在分析案情后，提出了两条道路：金龙公司用的是已经付过专利使用费的生产线生产的产品，是合法的产品，不存在侵权问题；与芬兰公司正面交涉尽快解决纠纷，美国律师所直接参与中芬专利纠纷谈判。金龙公司在权衡利弊后，选择第二条道路。

首先，金龙公司向自己在美国本土的最主要竞争对手美国WOLVERINE公司伸出了合作之手，由美国WOLVERINE公司作为金龙公司在北美市场的独家代理商，金龙公司贴牌为WOLVERINE公司供货，但美国公司要接受金龙公司的报价。同时金龙公司和芬兰奥托公司经过艰辛的谈判，最终双方达成协议：金龙公司支付芬兰奥托公司一定的专利使用费，条件是芬兰奥托公司让出其在北美和欧洲的市场，不再找金龙公司的麻烦。

第三节　谈判各阶段策略

一、开局阶段的策略

商务谈判的开局策略是谈判者在开局中掌握有利地位而采取的行为方式，不同的开局策略适用于不同的场合，也会产生不同的效果。由于谈判的开局阶段对谈判的走向以及双方对谈判主动权的掌握起着至关重要的作用，因此，对于不同类型的商务谈判应该正确选择相应的开局策略。常见的谈判开局策略有以下几种：

（一）热烈式开局

热烈式开局，是指在谈判开始时，通过热情问候、互相称赞等表示友好的方法拉近谈判双方的关系，从而赢得谈判对手的好感。

热烈式开局是最常用的谈判开局方式，对各种关系的谈判双方都较为适用。热烈式开局可以快速营造高调的谈判气氛，从而使双方在愉快友好的气氛下不断推动谈判并使其逐渐深入。

热烈式开局可以从轻松的、无关紧要的话题开始，以协商的口吻征求谈判对手的意见，并从中表示赞同。但是，运用这种方式时，开局谈论的问题不应该与双方的利益挂钩，并且己方应保持尊重的态度即可，而不要让对方觉得奉承。

（二）保留式开局

保留式开局是指在谈判开始时，对于谈判对手提出的关键性问题不做确切回答或避而不答，而是有所保留，从而营造神秘感，吸引对手进行深入谈判。

当开局处于高调气氛或者己方处于不利地位时，可以采用保留式开局。这样的开局方式可以将高调的谈判气氛转为低调的谈判气氛，为谈判对手留下悬念，增加己方回旋的余地。

需要注意的是，保留式开局是对信息进行模糊处理，而不是给予对方虚假信息，商业谈判始终要基于商业道德之上，否则将会使谈判陷入令己方难堪的局面。

（三）进攻式开局

进攻式开局是指通过语言或行为语言表示己方强硬的姿态，并借以制造主导优势，获得对方尊重，使得谈判顺利开始。

当谈判场上出现谈判对手刻意营造某种对己方不利的谈判气氛，尤其是对方进攻态势过于明显时，己方可以通过进攻式开局扭转这种不利于己方的低调气氛，使谈判走向平缓或高调。

但是，进攻式开局要慎重采用，因为在开局就锋芒毕露地展示自己的实力将使谈判陷入针锋相对的气氛中，这对谈判的进一步发展十分不利，很可能使谈判陷入僵局。

（四）坦诚式开局

坦诚式开局是指开诚布公地向谈判对手陈述自己的观点或想法，从而快速打开谈判局面的开局策略。

当谈判双方长期都有商业往来，并且以往合作较为顺利，双方相互了解时，可以使用坦诚式开局，这样不用太多客套的外交辞令，开门见山地提出己方观点，一方面节省时间，另一方面也可进一步获得对方的信任。同时，若双方都认同某一方谈判实力较弱时，谈判力较弱的一方也可在开局时使用坦诚式方法，坦率地表达自己的要求和条件，可以表现出己方的诚意，并且增加己方进一步谈判的信心。

坦诚式开局往往适用于各种类型的谈判，并且可以去除压抑的气氛，但采用坦诚式开局策略时也要综合考虑谈判者的身份以及谈判形式。

二、磋商阶段的策略

（一）比照还价策略

比照还价策略是指谈判一方对比参照标准，按照一定的升降幅度对对方的报价进行还价的磋商策略和方法。

当谈判的标的物是大宗商品时可以使用比照还价的策略，大宗商品流通范围广，且为公众所熟知，容易获得不同类型的该商品及其替代品的价格。而某些具有特殊性质的商品，比如奢侈品或者具有特殊技术的商品，因其制作的特殊性，无法通过对比度量价值，则不适用于比照还价法。

此外，在使用比照还价策略时要慎重选择参照标准，如果参照标准没有可比性或代表性，只会让对方认为己方的专业能力不足或者认为己方是在无理取闹。一般来说，比照还价的参照标准包括：市场上同类商品的平均价格、该商品的期货价格以及该商品替代品的价格等。

（二）吹毛求疵策略

吹毛求疵策略是指谈判一方通过指出对方产品的瑕疵来向对方还价的策略。尤其是谈判中处于劣势的一方，可以通过贬低产品的价值，降低对方的谈判条件，以此提高己方的谈判地位。

当买方能够掌握商品的相关技术知识，对卖方产品使用的技术或原料十分熟悉时，可以采用吹毛求疵策略。这一策略的使用可以使买方充分争取到谈判的余地，其关键所在是买方能够准确地指出卖方产品存在的问题。吹毛求疵策略常常与比照还价策略结合使用，使卖方承认产品的不足，实现己方的谈判目的。

需要注意的是，对对方商品提出的挑剔性问题要提到点子上，即直击要害或者与己方利益密切相关的地方，如果在微不足道的地方十分挑剔或者对产品的各项性能都指出不满意之处，不但不能使对方泄气，还容易让对方认为己方在故意刁难，阻碍谈判的继续进行。

（三）软硬兼施策略

软硬兼施策略，是指在磋商阶段有退有进，谈判队伍中有人唱"黑脸"，坚持立场，分毫不让，有人唱"白脸"，从中斡旋，相互调和。

当谈判陷入僵持阶段或者出现对己方不利的危难局面时，软硬兼施策略往往能够扭转局面，在表面上让双方都占据主动权，避免受制于人，推进谈判。在实施软硬兼施策略时往往是"黑脸"率先登场，例如，在谈判僵持不下时，己方谈判员A表示："这样的价格已经非常优惠了。"之后，己方谈判员B说道："但鉴于我们两家公司一直保持长期合作的关系，如果您的订货数量增加百分之二十的话，我们的价格可以再下调五个百分点。"看似"白脸"做出了一定的让步，但之后提出的条件和要求恰恰是原来设计好预期达到的目标。

三、成交阶段的策略

（一）折中调和策略

折中调和策略，是指对于谈判双方立场和条件的差距，取完全对等或者不完全对等的中间条件作为双方共同妥协的策略。

该策略适用于双方实力相当，经过多次磋商互有让步，但仍在残余问题上相持不下的情况。此时折中调和可以促进双方的攻守平衡，若双方都同意以同样的幅度妥协退让，则谈判结束。这里的折中并不只是价格上的折中，货物数量、利率等各种相当的条件都可以折中。

折中调和有利于达成友好的谈判结局。但是，这种策略在谈判的前期、中期并不适用。此外，在提出折中建议时不要表露"最后的条件"的意愿，以保留再商谈的余地。

（二）"一揽子"交易策略

"一揽子"交易策略，是指谈判双方以各方做出的让步为基础，提出一个新方案的做法。

对于新提出的建议，对方只能全部拒绝或全部接受。因此，"一揽子"交易适用于双方各自坚持立场且在谈判中侧重点不同，对某些条件拒绝采取折中做法的情况。例如，在专利纠纷中，一方期望打开中国市场，而另一方期望降低专利使用费。这样的谈判情况下"一揽子"交易策略能保证双方相对实现利益最大化。

"一揽子"交易策略不仅可以在成交阶段采用，也可以在谈判初期就采取打包谈判的方法，适用范围较广。

（三）行动策略

行动策略，是指谈判的主要问题已经解决，双方采取大胆行动，促成签约的策略。例如，可以在开始编写协议，询问对方验收货物的时间、地点以及确定收货的方式，或者可以边写边询问付款方式。以上己方的这些行为向对方表明谈判已经接近尾声，有助于推动对方已经做出的承诺落实。

■ 案例阅读 6-3

华东有色巴西铁矿投资

中国是铁矿砂进口的大买家，现已成为铁矿砂最大进口国。铁矿砂主要来自澳大利亚、巴西、印度等国。近年来国际铁矿业通过大规模兼并收购，形成了三分天下的格局，排名前三的供应商：巴西淡水河谷公司、澳大利亚力拓和澳大利亚必和必拓公司，掌握了世界70%以上的资源供应量。每年铁矿砂国际市场价格是根据三家铁矿石供应商与主要钢铁生产商谈判商定的合同价决定的。2010年，国际铁矿石价格的涨幅或超100%。并且，随着"季度合约定价机制"的推出，铁矿石价格将随着市场的变化更加剧烈地波动。对于整个中国钢铁业来说，到海外收购上游铁矿石资源，已不仅仅是一笔赚钱的买卖，更是适应国际铁矿石市场新游戏规则的必要举措。2009年，中国的铁矿石对外依存度高达70%。中国钢企在历年国际铁矿石谈判中的长期被动，固然有自身产能严重过剩、铁矿石进口秩序混乱等诸多内部问题，但其在上游铁矿石市场话语权微弱，才是最根本的原因。

日本从20世纪60年代就开始实施的铁矿石海外资源战略，值得中国企业借鉴。

2009年9月，巴西矿业咨询公司向华东有色推荐Jupiter项目，这正中华东有色下怀。邵毅称，与巴西矿业咨询公司的缘分，源于前次对巴西另一矿山项目的收购，巴西矿业咨询公司多名高管曾供职淡水河谷及巴西其他大型企业，对巴西的矿业及商业极为熟悉。一位业内人士表示，受2008年国际金融危机影响，巴西许多采矿企业资金紧张，面临无法偿还债务的风险，不得不做出转让或合资的决定，且巴西由于历史及政策的原因，许多矿山项目是家族遗传，继承者由于不善经营、无意于矿业开发等多种原因，也拟将矿山转让或合资经营，Jupiter项目即是如此。

2009年11月，在初步分析之后，华东有色派出由地质、商务人员组成的考察团，对项目进行了实地考察，并签订了谅解备忘录。给出了第一轮报价10亿美元，Jupiter项目拥有者对此表示不认同，认为报价过低，提出了20亿美元的收购价格。2010年元旦刚过，Jupiter项目拥有者就回访华东有色。提出可以将20亿美元的价格降低，但要掌握一部分铁矿股份，并参与项目决策，初步计划为保留20%股权。

两个月后双方经过谈判，收购价款由20亿美元降到了12.2亿美元左右，并增加了对华东有色收购的保障条件，出售方承诺，将确保收购时公司采矿证合法无瑕疵，以及100%的股权转让。巴西当地政府为了扶持矿产勘查，在贷款和税收方面都给予了优惠政策。巴西作为矿业大国，各项法律法规和惯例完备，不可控因素和风险较小，该矿山远景储量为13.9亿吨，属于露天矿藏，经简单采选后即可达到65%的精矿出口标准。这一项目所在的巴西米纳斯州，是巴西铁矿分布最多的州，即世界著名的"铁四边形"区域，淡水河谷的大部分铁矿均集中于此。目前，该矿已经投产，年产300万吨铁精矿，追加投资后，可实现2 000万吨/年的产量。这一项目每年将给华东有色带来20%的投资收益率。

第四节　商务谈判僵局的处理

在谈判过程中会出现各种各样的原因导致双方僵持不下，激烈争论、互相猜疑都是谈判场上的常见现象。但是如果处理不当，会导致谈判双方的距离加大，形成谈判僵局，影响谈判的推进。通过分析僵局产生的原因并学习处理僵局的技巧可以有效化解谈判场上出现僵局的情况。

一、产生僵局的原因

在谈判进行的过程中，任何主题、任何阶段都有可能导致僵局的发生。虽然僵局的形式和程度各有不同，但是僵局的形成一般都是双方期望相差过大，出现难以缓解的情况。谈判僵局的形成可以是多方面的，总的来说，大致有以下几种原因：

（一）立场难以调和

立场难以调和是商务谈判形成僵局的主要原因。谈判的最终目的是在双方都可接受的范围内实现利益最大化，然而为了维护己方的利益，在谈判过程中双方将对这一问题各自坚持自己的立场和主张。双方越是坚持自己的立场，产生的分歧越大，越是无法统一意见。双方的真正利益就会被表面上的意志力的较量所掩盖，当双方各不相让时，便会出现僵局。例如，买方认为报价过高，卖方认为报价太低；买方坚持使用FOB术语，卖方坚持CIF术语；或者是买卖双方对付款时间不能达成一致等。除此之外，双方预期目标相差过大，买卖双方在谈判前设定的临界条件之间出现断档，比如买方能接受的最高价格为10万元，而卖方能接受的最低价格为20万元，也会使谈判陷入僵局。

一般来说，双方在谈判过程中越倾向于坚持立场，越不能调和双方的利益，达成协议的可能性就越小。如果一方甚至以退出谈判相要挟，达成协议的困难将大大增加。并且，对某一问题的谈判时间越长，谈判员的耐心和兴趣越低，便越容易形成僵局。

（二）沟通障碍

有效的商务谈判建立在有效沟通的基础上。如果双方在沟通中出现障碍，将会产生很多相悖的观点，最后导致僵局。产生沟通障碍主要的原因是谈判一方无法理解另一方的陈述内容。由于双方的专业知识、表达方式以及受教育水平不同，或者在国际商务谈判中双方的文化背景不同导致对同一问题的理解不同，都会导致一方不理解或者没有完全理解另一方的意思。

并且，一方谈判员的表达能力也会影响另一方对己方信息的接收，如果己方谈判员表达能力欠缺，不仅会使对方心不在焉，降低己方谈判力，甚至会造成歧义，引起僵局。

除此之外，不恰当的谈判方式也会使谈判场上产生沟通障碍。例如，谈判员在谈判场上过分紧张、处处针对，将降低对方对此次谈判能够达成协议的信心。此外，如果双方感情交流不够，一方对另一方带有轻视、厌恶的态度，在紧张的气氛下，谈判场上再出现一些争执，极容易使谈判陷入僵局。

（三）谈判员素质较低

当一方谈判员素质较低，在谈判场上做出某些错误的行为，将导致另一方的不满，形成僵局。谈判员素质低下可能会有以下几种表现：

第一，忽略对方的反应、剥夺对方陈述的机会，滔滔不绝地论述自己的观点。谈判需要借助语言的交流传递信息。然而，一些人常以为越是尽可能多地阐述己方的观点越容易使对方信服，而没有意识到长时间的聆听对谈判对方是一种负担。谈判一方长时间的讲话意味着剥夺对方充分表达自己意见的机会，必然会使对方感到不满和反感。

第二，胜负欲强，常使用带有偏激色彩的言辞。谈判并非是一场你输我赢、你死我活的拼搏，而是使双方共同达到利益最大化的目标。如果谈判员无法认清这一点，在谈判过程中争强好胜，分毫不让，言辞偏激或者居高临下，则会造成感情上的强烈对立，伤害对方的自尊。例如，"你以为我不知道你打的什么算盘吗？""你不觉得你说话过于冗长了吗？"等等。许多谈判员在谈判场上以自己的面子为重，一旦处于劣势地位便会方寸大乱，为了维护面子极力反击，造成谈判的破裂。

谈判人员的素质往往是决定谈判是否顺利的关键因素，谈判员的心理素质、工作作风、策略技巧等方面的因素都会影响谈判的进行。

（四）故意制造僵局

故意制造僵局是一种危险性高、极其冒险的谈判策略，是谈判一方为了使对方屈服，达成有利于己方的交易，从而故意给对方出难题、引起争吵的战术。一般方法是先向对方提出较高的要求，对方只做少量让步、接受部分条件时，己方坚持自己立场，不肯做出让步，谈判则会陷入僵局。

当谈判人员有较大把握和能力控制僵局并且己方处于优势地位

时，可以使用制造僵局的策略。这一策略如果运用得当，可以通过自己所制造的僵局为自己换来更大的利益，但如果运用不当会使己方在谈判中陷入窘境，阻碍谈判进行，导致谈判破裂。此外，向对方提出的条件不能高不可攀，否则会让对方认为没有谈判余地而退出谈判，提出条件的高度应以略高于对方所能接受的临界条件为限，以便通过自己较小的让步换取对方更大程度的让步。

二、处理僵局的技巧

谈判场上出现僵局并不可怕，重要的是要全面了解出现僵局的原因，对症下药，找出打破僵局的对策。在僵局出现时，需要谈判者冷静、心平气和地面对僵局，冷静思考，克服过激的情绪带来的干扰，正确分析问题。这时用拍桌子、大吼等强调己方气势的行为处理僵局只会带来负面的效应。谈判人员需要具备勇气和耐心，在相互尊重的前提下，灵活运用各种策略技巧，正确认识、妥善处理僵局，才能够为协议的达成开拓道路。处理僵局的技巧大致分为以下几种：

（一）关注利益而非立场

谈判的初衷是双方利益的相互融合，然而在实际谈判中，谈判人员往往关注自己的立场，当双方立场互相冲突时，过分地坚持自己的立场会导致僵局的产生。

双方过于坚定立场会将谈判推向无用的争辩。这时，要求谈判人员将注意力从立场上的争辩转移到双方的利益上来。谈判者需要认清，立场的产生源于背后预期利益的支持。虽然谈判双方可能处于对立的立场，甚至两方利益冲突，但既然双方选择进行谈判必然是因为冲突背后依旧有着共同的利益，或者都能从对方身上获益。陷入僵局后，谈判者要想到己方谈判的初衷既不是向对方炫耀己方过硬的技术和强硬的态势，也不是最终"赢"得谈判。因此，在谈判过程中利益的协调并不是在立场上向对方妥协，更不是对对方的判断或者看法耿耿于怀。一味地在立场上进行争论是没有意义的，谈判双方需要着眼于问题的解决，寻找解决冲突的方法，通过共同解决问题，满足双方的共同利益以创造新的价值。

所以，当谈判陷入僵局时，要发掘谈判双方背后的共同利益，客观地分析双方的立场，这样才能打破僵局。

（二）利用休息缓冲

休会策略是谈判人员为控制、调节谈判进程，缓和谈判气氛，打破谈判僵局而经常采用的一种基本策略。

休会策略的应用范围非常广泛：当谈判一方出现不满时，可以借休息之际进行修整，改善场上气氛，重新谈判；当经过较长时间谈判后，谈判场上气氛低迷，双方注意力无法集中时，可以提议休会，以便谈判人员调节精神、恢复体力；当出现意外的情况，例如对方提出一个意想不到的方案或者发生了其他意外的事件，一方难以马上应对、需要组内协商时，可以提出休会，以方便一方分析新情况，调整目标和策略。尤其是当谈判双方出现僵局时，例如双方对某一问题毫无进展，各不相让、各执己见时，可以提议休息，双方可以在休会期间考虑：刚才的谈判有什么需要改进的地方，如何进行下一步的洽谈，如何开局，下一步是否要调整策略，在接下来的谈判中会遇到哪些问题，还有哪些议题需要谈判等。双方稍事休息后，再次谈判时气氛会缓和很多。当然，提出休会的最好时机是僵局形成前，如果已经出现双方激烈交锋的情况，可以适时休会，继续沉浸在这样的气氛中会使双方始终保持紧张的神经，时刻捍卫自己的原则，从而形成僵局。如果在此时暂停，可以使双方重新考虑如何能够满足双方利益"一致"的目标，共同寻找在洽谈中碰到问题的解决方法。

任何一方都可以提出休会，在另一方同意后采用这种策略。提出休会的时机要恰当，如果双方都有休会的意向，那么再好不过。如果另一方没有休会的意愿，要委婉地向对方讲明休会的原因，表达己方休会的需要。一般来说，另一方出于礼貌，不会拒绝对方休会的请求。但是，提出休会一方要明确休会的时间，并且在休会前再次向对方阐述己方的提议或条件。这样能够引起对方注意，让对方在休会期间充分思考。

除此之外，需要注意的是，休会结束后再次进行谈判时要先着力解决休会前没有解决的问题，而不要在开谈后立马转移话题。这样，双方在对之前的问题提出新的修正方案之后，可以继续进行谈判，有效化解谈判僵局。

（三）变换谈判成员

在商务谈判出现僵局时，变换谈判成员可以起到体面式的缓和作用。变换谈判成员的技巧可以在出现以下情况时使用：

如果谈判组成员素质严重欠缺，出现情绪管理失控、专业问题认识不足等问题，及时变换谈判成员有助于维护己方利益。

如果谈判组成员出现失职行为，做出了一些违背初衷的承诺，可以通过更换成员向对方暗示：之前所做出的承诺不作数。并且由于现代生活中人们对面子和尊严比较重视，更换成员的举动也含有向对方致歉的意思。

如果由于谈判成员的过失，尤其是主谈人的过失造成了僵局，例如伤害了对方的自尊心或者言辞过激令对方无法接受，及时撤换谈判人员有助于打破僵局，缓和气氛。

除此之外，如果对方谈判人员对己方某一个人有成见，并且其情绪已经影响到谈判的进行，可以通过变换谈判成员来打破场上紧张的气氛。虽然我们主张在谈判场上要对事不对人，不能将对另一方谈判员的个人情感带到谈判场上来，更不能将对问题的不同看法发展成为个人矛盾，但是在国际商务谈判中，面对拥有不同的文化背景和价值观念的谈判对方，这样的情况也有可能发生。

在变换谈判成员时要注意以下两点：第一，向对方委婉说明更换的缘由，恳请对方谅解；第二，对被更换下场的己方成员做一些思想工作，不要因为被更换下场而挫伤了其积极性。

变换谈判队员并不一定是己方的谈判成员素质不够或者有失职行为，调换人员只是一种不失体面、重新谈判的有效策略。通过这一技巧，可以在重新谈判时消除之前紧张、尴尬的氛围，让双方更加积极地寻找利益一致点、消除分歧，从而突破谈判僵局。

（四）转换话题

当双方预期差距过大、争执不下，尤其是一方态度强硬、持续不愿让步时，可以采取转移话题的方法。

在谈判过程中，切忌钻牛角尖，死咬一个话题、一个立场不放。当对方心理防线高筑或者情绪较为激动时，转移话题可以控制场上谈判成员的情绪、解除其心理防卫，转移对方注意力，将话题转向其他方面，避免谈判矛盾激化。转移话题一般是从主要问题转向次要问题，谈判中可以采取车轮式谈判的方法，遇到短时间无法协商一致的问题时可以先休会或跳过。先攻克较容易的问题，最后集中力量解决难题。

需要注意的是，在转移话题时要选择对方感兴趣或者较容易达成一致的话题才能改变谈判氛围。例如，在融资租赁谈判中，如果短时间内无法谈妥利率问题，可以先对租赁期限、保证金等问题进行谈判，并且根据谈判对方的不同情况选择不同的话题。如果持续进行谈判难度较大的话题，不仅会降低谈判信心，也会使双方谈判人员筋疲力尽，陷入沉默或者不做回答的僵局。

（五）有效让步

当谈判陷入僵局、谈判双方在同一问题上发生尖锐对立并且没有其他方法可以斡旋时，一般最好的方法是等待对方主动提出让步。但是如果双方立场都十分坚定，既无法说服对方，也不能接受对方的条件时，可以己方提出退让，进一步协调双方利益。当然，一方做出有效让步只能暂缓谈判僵局，最终协议的达成还是需要双方共同退让。如果对方只是针对眼前利益锱铢必较，而忽视了长远利益，那么双方可以结合眼前利益和长远利益，共同协调，才能满足各自利益。

■ 案例阅读6-4

日本进口汽车质量问题索赔谈判

我国曾从日本进口了一批FP-418汽车，在使用时普遍出现了严重的质量问题。为处理这件事，中日双方在北京进行了谈判。谈判之前双方都做了充分的准备。日方深知这批汽车确实存在严重的质量问题，索赔是不可避免的，但要尽可能地少赔。中方这次的任务是将已经出现的损失降到最低。谈判一开始，中方先介绍了这批汽车在中国的各地使用时损坏的情况和客户对此的反应，但并没有提到索赔的问题。

日方代表避重就轻地说："这批汽车确实有一些存在问题，比如轮胎炸裂、挡风玻璃炸碎、电路存在故障、铆钉震断等现象，有的车架偶有裂纹。"这样的言辞明显是对方精心准备的，因为质量问题与索赔金额直接相关。

中方代表反驳："贵公司代表都曾到过现场，经商检和专家小组鉴定，铆钉并不如你们刚才所说是震断的，而是剪断的；车架出现的也不仅仅是裂纹，而是裂缝；而车架的断裂不能用'有的'或'偶尔'来描述，最好用比例数据来表达，这样更为科学准确。"

日方又以尚无准确统计数字和中国的道路有问题来推卸责任，并说这样的情况在他们公司从来没发生过。中方拿出了商检、公证机关的检验和公证结论，还有商检机构拍摄的录像带。在这样的证据面前日方不得不承认，这些情况是由设计和制作上的质量问题导致的。

货车损害的归属问题取得了一致，下面的谈判更加艰巨，因为具体的赔偿金额才是最重要的问题。接下来的谈判要凭科学数据，中方派出专长经济管理和统计且精通测算的代表首先发问："贵公司对每辆车支付的维修加工费是多少？总额又是多少？"

日方回答："每辆10万日元，共计5.84亿日元。贵国报价是多少？"

我方答道："每辆16万日元，共计9.5亿日元。"

日方说："贵国报价的依据是什么？"

我方："我们提出的这笔加工费并不高。如果贵公司感到不合算，派人维修也可以，这样的话，恐怕贵公司耗费的就不只是这个数了。"

日方转变了态度，问："贵国能否再压低一点？"

真正的讨价还价开始了。

"为了表示我方的诚意，贵方的要求可以考虑。贵公司打算每辆出多少呢？"

"12万日元。"日方回答。

"13.4万日元怎么样？"中方提问。

日方深知中方已做出巨大让步，并准备在此妥协从而为之后的谈判争取更大的主动，回答"可以接受。"这项费用日方共支付7.76亿日元。

然而，中日双方争论索赔的最大数额的项目却不在此，而在于高达几十亿日元的间接经济损失赔偿金。在这一巨大数额的索赔谈判中，日方率先发言。他们也采用了逐项报价的做法，报完一项就停一下，看看中方代表的反应，但他们的口气却好似报出的每一个数据都是不容打折扣的。最后，日方统计可以给中方支付赔偿金30亿日元。中方对日方的报价一直沉默不语，用心揣摩日方所报数据中的漏洞，把所有的"大概""大约""预计"等含糊不清的字眼都挑了出来，有力地抵制了对方所采用的浑水摸鱼的谈判手段。最后我方提出间接经济损失费70亿日元！

日方代表听了这个数字后惊得目瞪口呆，老半天说不出话来，连连说："差额太大，差额太大！"于是，进行无休止的报价、压价。此时，中方意识到，己方毕竟是实际经济损失的承受者，如果谈判破裂，就会使己方获得的谈判成果付诸东流；而要诉诸法律，麻烦就更大。为了使谈判已获得的成果得到巩固，并争取有新的突破，适当的让步是打开成功大门的钥匙。

■ **案例分析**

这一特大索赔谈判的成功，不仅体现了索赔谈判的特点、原则和方法技巧，而且也体现了一般经济谈判各个阶段的特点、原则和方法技巧，同时更为我们展示了一个活生生的报价、还价、提价、压价、比价的全景图，借鉴很多。

（1）谈判的准备阶段：双方都做了大量的工作，都对汽车坏损情况进行了实地考察和研究，掌握了第一手的材料和数据。因此，谁也没有办法在谈判阶段歪曲事实，使谈判避免了不少弯路，提高了效率。

（2）谈判的开局阶段：中方借助简介情况，不动声色地推动了谈判进程，给人以先声夺人之感，为自己索赔目标奠定了良好的基础。而日方也能凭借智慧和语言艺术避重就轻，有力地限制了对货车坏损情况的追究。双方在谈判的一开局，就抓住了谈判的要害，把谈判很快推向了高潮。

（3）在谈判的磋商阶段：中方注意运用具体事实和依据，特别是精确的数据计算来强化己方的观点，使日方防不胜防。而日方也能运用精确的计算来步步为营，以避免被对手牵着鼻子走。

（4）当谈判处于"百米冲刺"的最后阶段时：谈判一度陷入僵局，严重地威胁着谈判成果的获取。这时，中日双方审时度势，成功地运用了"计分法"的谈判策略，找到了双方对等让步的和解方式，最后走向了成功。

第七章

商务谈判中的道德伦理

本章学习目标

1. 了解道德和伦理及其在谈判中起的作用

2. 思考商务谈判中是否存在共同遵守的道德和伦理

3. 熟悉应对商务谈判过程中的道德风险

案例导入>> A公司的一名销售代表正在向B公司的董事会做一场演示。谈判伊始，他用大量的图表和声音设备，用尽浑身解数说服客户接受自己的服务，并声称自己的价格绝对是市场上最低的。突然B公司的一个董事走到董事长跟前，说道："还有一家公司的报价比他们低5%，还是选他们吧。"在这之后，董事长点点头，再次问A公司："你确信你的价格是市场上最低的吗？"不一会儿，A公司的销售代表就将价格下调了6%。

在上述案例中，B国董事会采用了故意透露假消息的方法，并成功吸引到了A国销售代表上钩，这种方法也就说明了谈判中的道德伦理问题的存在。因此，在谈判中更好地把握商务谈判中的道德伦理是极为重要的。本章主要介绍了道德和伦理及其在谈判中起的作用，商务谈判中是否存在共同遵守的道德和伦理以及应对商务谈判过程中的道德风险的方法等相关知识。

第一节　道德和伦理及其在谈判中起的作用

一、道德和伦理的定义

伦理和道德是一对近义词，经常合在一起使用。虽然在社会生活实际中很难区分二者的界限，但两者之间的确存在差异。从我们常说"不道德"而少说"违反伦理"其间可以窥探出一二，即道德一词更加通俗，它主要是指持久不变的人类相互关系所产生的人们认为是正确的、好的、应该遵循的习俗，或者简单来说，它是个体和个人关于是非的观念。

伦理是在特定情况下分辨是非，被公众广泛接受的社会标准，或者是制定这些标准的过程，伦理不同于道德，道德代表了社会的行为准则，而伦理是研究人类行为的对与错、善与恶的一门学问。同时，伦理不以人类行为的具体评判准则为重点，只是客观分析人们共同生存的准则。也就是说，伦理或伦理学其实是一种以道德为主题的一门哲学，是不同人生观的人在不同情境下对是非有不同的判断。伦理在实践中的难题就是判断出各种道德价值观的差异是怎样的，由此决定选择何种方法。

二、道德伦理对谈判的约束

道德伦理是人们调整自己行为和评价他人行为的一种标准，影响着人的行为方式和决策偏好。商务谈判既是一种双方博弈的市场交易行为，也是一种人际交往活动，必然要借助一定的道德标准去规范这种行为或活动中的社会关系和人际关系以维护稳定的公共秩序。商人逐利，在运用谈判策略来谈判效益时，人们往往会面临着道德困惑和道德风险，常常会问自己"我这么做是否合适""我可以这么做吗""这种行为是否道德"。整个谈判是双方道德伦理碰撞的过程，都受到道德观念的约束和影响。

道德伦理对商务谈判约束的实现方式可以分为两个方面：

（一）硬约束

硬约束主要是指商务谈判中发生的不道德行为受到强制性的制止。在一定的限度内，要求谈判双方不进行欺骗，只能靠当事人的自律，在这个限度内发生了欺骗，也只能双方自行纠正调解。但一旦超过了这个限度，就会触发硬约束。硬约束体现了道德伦理的要求，但表现形式是更具有约束力和强制性的法律和党政军机构的制度。首先，一个人的不道德行为如果违背了国家的法律法规，伤害了当事人的利益，对社会造成了不良影响，那么就得接受法律的制裁。其次，这种硬约束还体现在国家机关的工作人员、党政机构还有部队受到党规政纪军纪的约束。硬约束的对象、内容、范围、程度会因为地区和国家的不同而不同，在国际商务谈判中更是要把握这种差异性带来的风险。

（二）软约束

软约束不比硬约束，要以触碰底线才能发动，它的存在没有明确的界定，却贯穿于整个谈判过程。在商务谈判中，如果一方的不道德行为被另一方所察觉，另一方为了增强自己的谈判力往往也会"以其人之道还治其人之身"。这种谈判的气氛会导致双方的合作意愿下降，不利于双方达成共赢的良好局面。另外，即使不道德行为当时没有被对方察觉，并就此达成了协议，一旦对方事后发现了，就会对失德的一方失去信任，甚至会采用媒体舆论手段使其在商业圈子里失去口碑和信誉。

道德伦理对谈判虽然有约束，但好的道德能够加强合作的基础和谈判的效率。道德伦理并不是谈判进程上的障碍，相反，它与合法的谈判策略并不矛盾。的确，谈判中的道德伦理不提倡通过欺骗、威胁等手段实现自己的利益，但是它也不反对人们在谈判中使用策略时的精明与灵活。人们要做的是在谈判过程中在避免踏入伦理"禁区"，小心一切能使谈判无效、合同无效或撤销，甚至引起诉讼、追索损害赔偿的犯规。同时要辩证看待道德伦理的作用，掌握谈判的伦理规则，既约束对方，又反过来保护自己，还要积极进取，在谋求双方一致以外努力争取己方的利益，实现最大化的互利共赢。

三、四种思辨道德伦理的方法

谈判过程中，人们常常会遇到各种各样的道德问题，如何去判断和评价谈判者的道德行为，我们可以在有关伦理问题的标准中找到一个准则。自公元前600年前至今，从古希腊到当今社会，哲学家们都在审视比较各种道德价值观的差异，最终形成以终局观、道义观、社会契约观和问己观为主流的思辨伦理的方法。我们可以运用这四种方法中的任意一种观点来选择合适的战略和战术。

（一）终局观

终局观，即行动的正确性由结果来决定。持有这种观点的人，往往认为事情的结果大于过程，只要最终能够为个人、组织或者社会获得更多的利益，那么过程中有牺牲小部分人的利益或者违反程序的行为也是可以接受的。

比如，纪录片是记录真实、科普大众的一种电视剧种类。然而，在纪录片拍摄的过程中，有不少制作方会选择造假以达到更好的效果。BBC的纪录片一向制作精美，主题宏大，广受大众好评。但2018年4月据英国各大媒体爆料，BBC为了在纪录片中记录并解释某种真实现象，有时会为了节约经费或增强视觉效果而选择部分造假，像《冰冻星球》中的北极冰窟是在动物园里用假雪制造的，《地球秘密乐园》中火山爆发形成的灰云里的闪电是后期合成的，《地球脉动》中以鹰的视角俯视雪山的镜头是用驯养的鸟拍摄的。但在对外宣传中，BBC都明示或默许这些镜头是真实的，是团队实地克服困难拍摄的。这种做法符合道德吗？

再如，一种新的疫苗已被研究团队证实可以显著预防某种病症。这种病症具有高致死率和高传染率，投放疫苗刻不容缓。然而根据国家的政策，这款新型疫苗必须通过政府的药品测试。那么，在拿到政府批文前，会有很多人因为没有疫苗的保障而面临生命的威胁。那么疫苗因此没有及时上市是否道德呢？

认为这两种做法符合道德，则意味着你的伦理观偏向于终局观，在谈判过程中会比较功利，会倾向使用各种手段，甚至不择手段来达成更高的目标，实现更好的利益。但终局观也存在很多的争论，也很难以达成共识。例如，保障了大部分人利益的同时牺牲了小部分人的利益是否道德？如何界定终局观中所谓的最优化的结果？

（二）道义观

道义观，即行动的正确性由普遍标准和原则来定。与终局观不同，道义观强调行为要由主要的道德原则或者是大家普遍认为"应该做的"原则指导。人们应该遵循这些道德原则来行动，行为的道德价值应该与人的道德品质有关，而不是取决于结果。

比如，某公司因为业务调整，开始小规模裁员。一些员工在劳动合同未到期的情况下并在正常工作并且完成项目考核指标的前提下，被HR约谈强迫主动离职。其中一位员工认为HR告知的失职行为属于无中生有，公司这种强迫劝退是为了避免高额的赔偿金，所作所为不符合道义，因此向媒体告发公司的不良行为。公司管理层闻风随即向此员工提出赔偿方案，并允诺此后改善人事工作，但要求员工发表声明改善此前在公众面前造成的不良影响。然而，在员工发表声明以后，公司并没有按双方达成的共识行动，不仅不承认裁员中的不规范操作，还以内部邮件的形式批评了员工的不称职行为。

由上可见道义观和终局观的冲突。终局观者会认为尽快平复事态才是重点，况且这种裁员手段普遍存在，只要能以最低成本完成人事调整就是合理的。而道义观者会认为管理层的裁员政策应该公开透明，员工在与管理层谈判时，管理层应该要诚实守信，在事后不采取报复行为。此外，长期来看，这种人事操作会使员工对企业的忠诚度下降，在社会上也会造成很大的负面影响。

道义观同终局观一样，也存在着很多争议。比如，普遍标准和原则由谁来制定？两种或多种道德规范有所冲突时该如何权衡？当情境发生变化时，这些规则又该如何选择？

（三）社会契约观

社会契约观，即行动的正确性由某社会团体的习俗和标准来定。社会契约伦理学家认为存在一种契约是被社会（国家、集体、社区等）所共同制定、接受并运行的。在这种契约的影响下，人们默认或明示什么样的道德规范是可以接受的，什么样的社会规则是需要遵守的。同时，人们会根据自己的贡献来衡量自己应该或能够得到的回报。

在谈判中，人们就会根据对他人亏欠多少的标准来规定哪些行为在谈判中是可取的。比如，在古董买卖的过程中，卖家向买家吹嘘古董的历史、制造工艺和升值空间等。实际上，买家不熟悉卖家，很自然地会怀疑这种描述中可能存在一定的水分，但他本人不知道该如何鉴别。在这种情况下，买家往往会撒谎借故离开然后再带懂行情的朋友来参谋。根据社会契约观，他并不会因此感到说谎带来的愧疚。相反，如买家和卖家存在长期的合作关系，且古董本身存在一些问题，卖家则有义务要告知买家。

社会契约观也存在一些问题。例如，存在的社会契约都是好的吗？如何来评价、修订这些社会规则？如果这些契约不符合时代发展潮流该如何变革？

（四）问己观

问己观，即行动的正确性由个人的良知来定。问己观者认为，真理存在于人的心中。人的本性会促使每个人形成个人的良知，对好与坏、善与恶会形成一个自己的判断。这些标准在形成过程中还会受到不同程度的社会环境和家庭环境的影响。每个人的判断标准都是不一样的。希特（Hitt，1990）举过一个有趣的例子来说明问己观和其他三种伦理思辨方式的不同：

事情发生在7月的一个早晨。在酒店露天泳池里，有两个人，一位是衣着整齐的父亲躺在泳池旁边的休闲椅上，看着报纸。另一位是他五岁的女儿在泳池里玩水。正当父亲全神贯注地看体育版时，突然听见了女儿的呼救声。女儿游到了深水区，正挣扎着想把头抬出水面。此刻，父亲该怎么做？他会按照哪种伦理观思考？如果他选择终局观，他会权衡救女儿和衣服、手表及皮夹毁坏的结果。如果他选择道义观，他会首先查看酒店是否粘贴了禁止衣着整齐的人进入泳池的告示。如果他选择社会契约观，他会思考与其他家庭成员之间的社会契约。显然，这些他一个都不会考虑，他会立刻跳进泳池救女儿。

希特列举的例子证明了问己观存在的合理性。然而个人良知的作用是有限的，不足以作为一个普遍的标准在复杂的社会环境中运行。因此问己观常常会遇到这些问题，比如，每个人的判断标准不同，那么如何实现大众对伦理的定义？没有共同的判断基准该如何解决合作中产生的冲突？家庭环境和社会环境并没有对个人的良知起到正确的引导作用该怎么办？

了解这四种伦理观对于商务谈判来说非常有必要。因为在商业活动中，人们的伦理观体现于他们的行动中，他们的行动也反映了他们的伦理观。人们可以借此对自己和谈判对象进行分析，预测对方的心理和可能采取的行动，并选择合适的战略战术来应对谈判中出现的伦理问题。

四、道德和伦理对商务谈判的影响

贿赂可以说是许多公司面临的一个特殊的伦理和道德问题，有时也被称为可疑性支付方式。表述这类行为的词汇几乎在所有的国家都存在。在这个世界上，有的地方，如果你不行贿，甚至安装一部电话都成问题。有幽默人士曾经评价说，在那些新兴市场经济国家行贿、受贿的比率和那些被认为行贿、受贿发生率较低的发达国家中签发执照费和律师费的比率相差无几。有些国家把其视为一种中饱某人私囊的手段，在美国也被视为重罪，但一些国家贿赂仅被视作做生意应付出的成本，就像是一套非正式的税制一样。虽然这样，却并不意味着在美国做生意绝对完全无须行贿、索贿，也不是说，在其他一些国家中每一家公司都进行"桌下交易"。实际上，自20世纪70年代中期起，很多美国企业就认为贿赂是企业在世界各地赖以生存的方式之一。

贿赂按照行贿方是主动提供酬金还是应对方要求提供酬金分为行贿和索贿。"行贿"是指某人主动提供酬金，以便非法取得优势。比如，一个外国公司的总裁主动向别国政府官员提供酬金，希望他能错误地划分该公司的进口货物的类别，以降低货物的税率。而"索贿"则是指某公司或其代表的国家的商务属于合法经营，但当权者却以此要挟，要他支付一笔巨额酬金，否则他将废除一个价值数百万美元的合同，他的行为就是索贿。实际上，对付国际商务中的贿赂有一个极具效力的"锦囊妙计"，那就是：一旦对方索要付款，就严词厉色，痛斥一番，不过只有当己方处于较有利的卖方地位时，才能这么做。否则，只有听命对方或做出让步。

从表面上看，向索贿者行贿似乎是被逼无奈的行为，应该谅解。但是，这不仅是不合法的，也是不道德的。以下就是道德伦理在谈判中对贿赂实例中的约束效应。有一次，一位美国宝洁公司的经理在非洲一个国家从事商务活动，当宝洁公司的大批货物要经过这个非洲国家的海关时，被无理扣押，要求当地的宝洁公司经理交纳一笔酬金之后才能通关。这名宝洁公司的当地经理没有屈服，结果货物就扣押了很久，致使宝洁公司在当地市场遭受损失。及至后来通过法律官司才让宝洁公司胜诉，但经济的损失却很惨重。宝洁公司总部对非洲国家的这位当地经理不但没有责备，反而在全公司通报表彰他的这种正义行为。从这件事，我们可以看出，在全球营销中，索贿也是不允许的。

■ **案例阅读 7-1**

霍华·休斯购买私人飞机

美国大富豪霍华·休斯是一位成功的企业家，但他也是个脾气暴躁、性格执拗的人。一次他要购买一批飞机，由于数额巨大，对飞机制造商来说是一笔好买卖。但霍华·休斯提出要在协议上写明他的具体要求，内容多达三十四项。而其中十一项要求必须得到满足。由于他态度飞扬跋扈，立场强硬，方式简单，拒不考虑对方的面子，也激起了飞机制造商的愤怒，对方也拒不相让。谈判始终冲突激烈。最后，飞机制造商宣布不与他进行谈判。霍华·休斯不得不派他的私人代表出面洽商，条件是只要能满足他们要求的一项基本条件，就可以达成他认为十分满意的协议。该代表与飞机制造商洽谈后，竟然取得了霍华·休斯希望载入协议三十四项要求中的三十项，当然那十一项目标也全部达到了。当霍华·休斯问他的私人代表如何取得这样辉煌的战果时，他的代表说："那很简单，在每次谈不拢时，我就问对方，你到底是希望与我一起解决这个问题，还是留待与霍华·休斯来解决。"结果对方自然愿意与他协商，条款就这样逐项地谈妥了。

第二节　谈判中的道德伦理问题

一、商务谈判中的道德准则

商务谈判的道德准则是调整从事商务活动的人们的相互关系的行为规范，为谈判者的行为提供标准和方向。商务谈判的道德准则主要包含三个方面的内容：一是作为商务谈判人员的职业道德准则，二是作为团队或公司这个集体中雇员角色的道德准则，三是作为社会中一位公民应该遵守的道德准则。

（一）职业道德

1. 以礼待人

礼是礼貌、礼仪。不论是言行举止还是待人接物都要让人感觉有修养有分寸，给人以恰到好处的受尊重感。在谈判过程中，礼的突出表现是倾听和以理服人，面对不合理的要求或不同意见的时候，能够冷静友善地倾听思考，并用事实和道理去说服他人。即使有的时候要增强气势以加强自己的谈判力，但必须对事不对人，事后依旧要以礼相待。

2. 待人以诚

诚是诚实。诚实是优秀的道德品质之一，诚实能够减少陷入道德风险的边缘。谈判中的诚实是一个度的问题，谈判的主要动机和主要事实不可构成欺诈，至于具体透露多少事实得看当时的情境。毕竟谈判双方信息是具有不对称性的，如果将所有的情况老老实实、完完全全地告诉对方，己方的谈判力就会下降。因此，诚实必须是有谋略的诚实。诚还是诚心诚意。在谈判中表现自己的合作诚意和实现共赢的努力，才能取信于对方，提高谈判的效果和质量。

3. 言而有信

信是信用，也是商业活动中商人最看重的品质之一。信要求谈判者言必行，行必果，绝大多数情况下都要守信践诺。商人要爱惜自己的信誉，信誉的树立不是一朝一夕的事情，不要因为短期的利益而毁坏了自己的招牌，反而得不偿失。偶尔会有不可抗力因素出现导致己方出现重大利益损失而无法或难以完全履行承诺，那么一定要根据固定的程序与对方协商调解，以维护双方长期的合作关系。

（二）角色道德

1. 责任感

责任感是谈判者自觉地或被要求受使命或义务的意识而产生的一种约束自身行为的意志力量。我国有句古话："受人之托，成人之事。"员工与企业之间是被雇佣与雇佣的关系，商务谈判作为企业分配给员工的任务，员工有义务去努力实现谈判目标，维护和争取己方尽可能大的利益。自觉的责任感是一种内在的约束力量，被要求的责任感是一种外在的约束力量，两种力量都可以使谈判者尽其职责与义务。但两者对谈判行为约束力的强弱程度是有所不同的，进而导致谈判效果与质量的高低程度是有差异的。自觉的责任感是谈判者伦理道德的主要部分。

2. 集体感

集体感是谈判者以所代表的组织的集体利益与荣誉的需要为自己行为准则的道德观念。与个人的责任感相比，集体感为谈判行为提供了一种较大范围的社会认同标准与价值。商务谈判的过程不仅实现了集体（团队、公司、社区等）的利益，实际上还是谈判人员自身名誉和利益实现的过程。作为企业中的一员，应该在谈判中将集体的利益放在首位，尽心尽力地为企业争取利益，不可为了个人的私利而损害了企业的团体价值。

（三）公民道德

1. 忠于祖国

爱国是道德底线，无论是社会主义核心价值观还是我国的《宪法》都有所体现。党的十八大提出，倡导富强、民主、文明、和谐，倡导自由、平等、公正、法治，倡导爱国、敬业、诚信、友善，积极培育和践行社会主义核心价值观。爱国、敬业、诚信、友善是公民个人层面的价值准则。根据《中国人民共和国宪法》第五十四条："中华人民共和国公民有维护祖国的安全、荣誉和利益的义务，不得有危害祖国的安全、荣誉和利益的行为。"在商务谈判中，无论是扮演任何角色，都应该要忠于祖国，不能做有所危害祖国的安全、荣誉与利益的事情。不论在哪个国家，不爱国的人都不会受到别人的信任和帮助。

2. 遵纪守法

一切商务谈判活动和最后所达成的协议都必须符合我国有关部门的政策和法律。如果身为国家党政军机关人员，还必须要遵守特定的规则和纪律。商务谈判人员对自己必须严格自律，应提高到道德品质的高度来看待遵纪守法的问题。但不可避免地，在有关商业活动的法律条文中存在着一定的模糊边界为一些不道德的行为提供了灰色的地带。因此有的谈判人员就会抓取其中的一些漏洞，在谈判中采取先违法，再改正的办法获取利益。例如，你的谈判对手在谈判开始时告诉你，他将为你提供全新的采矿设备。而到了谈判的收尾阶段，他却通知你，由于他了解的情况有误，他所能提供给你的设备是二手货。既然不是新设备，当然价格可以再议。这与你的谈判目标相差甚远，而你已经为谈判投入了大笔资金和大量的时间，如要放弃此次合作则面临着沉没成本和机会成本，因而陷入两难的境地。而你的谈判对手由于本身可能并不了解真正的事实，但毕竟已经及时改正了错误，此时法律条款对他并没有有效的束缚。在谈判中也必须处处防备你的谈判对手采取这种不正当的谈判策略，对于谈判人员来说，害人之心不可有，而防人之心不可无。

二、道德界限模糊

上述商务谈判道德准则的遵守与实施体现在理想的商务谈判中。但在实际的谈判过程中人们常常会遇到道德界限模糊的问题。道德界限模糊体现为不同伦理观的人对自己或他人策略的道德性有不确定的认识，同时这些策略徘徊在道德的边缘。根据上述介绍过的四种思辨伦理的方法，喜欢终局观和社会契约观的人更倾向于使用道德边缘的行为，而偏向道义观的人则不太欣赏道德界限模糊策略。

人们使用道德界限模糊策略是为了加强谈判力。信息是谈判力的基础，一方如果掌握了有利的信息，就可以有效地加以利用来说服对方。在现实生活中，人们会谴责他人品性恶劣，但会把自己的不道德行为归咎于社会环境的影响。在谈判中，人们在多种情境下会自动合理化自己的策略，出现加工事实或隐藏事实的倾向。常见的情况有：

"是他先开始的，我不这么做就不公平。"

"他打算这么做，我必须要先下手为强。"

"我这么做本身没什么不好。"

"大家都这么做，我为什么不可以？"

常用的道德界限模糊策略有：

（1）伪装情绪：通过假情绪给对方传达假的信息。例如，通过假装害怕、懦弱使对方放松警惕；虚张声势使对方屈服；假装高兴使对方怀疑自己手段的有效性等。

（2）误述事实：有可能是主动，也可能是装作被动，进行撒谎，对信息和谈判内容进行加工和歪曲。

（3）隐藏事实：隐藏自己的底线、真实意图，或不主动告诉对方应该或必须掌握的交易信息。

（4）破坏对手关系网：通过向同行诬蔑谈判对手，分散他们的注意力，降低他们的谈判力。

（5）贿赂：通过贿赂关系网，获得有效信息，加强己方的谈判力。

（6）间谍：提前向对方渗入商业间谍盗取对方信息。

（7）胁迫：通过威胁对方来达到自己的目的。比如，威胁对方必须要满足自己的条件，不然结束谈判，对方会因为沉没成本而束手束脚。

谈判过程中这些策略在不同人眼里不道德的程度是不一致的，但大部分策略实际上已经成为了人们默认为合理的游戏规则。但要知道的是，如果人们不断地为自己的道德界限模糊策略寻找借口或理由，他们的策略走向会越来越偏激。对这些策略的运用也许短期内能够增强己方的谈判力。但一旦频繁使用这些策略，必然会被对手记恨，寻求机会以其人之道还治其人之身。而且名誉是靠长期积累的，使用道德界限模糊策略必须要谨慎权衡后果。

三、法律与道德界限模糊策略

在商务谈判中，商业往来的法律义务与道德义务的内容基本是相同的，但法律义务是强制的。因此使用道德界限模糊策略还必须要考虑到法律的强制性，根据我国的法律，谈判者必须遵守以下原则：

一是国家、集体财产不得侵犯的原则。我国全民所有制和集体所有制企业的财产，都属于社会主义的公有财产，受国家政策、法令的保护。为防止国有资产的流失，国家已颁布了具体法令。因此，谈判人员在经贸合同谈判中，必须严守这些政策法令，坚决抵制以低价竞销，诋毁他人信誉，单方毁约，以及转嫁自己损失于他人等唯利是图、侵害国有资产的种种有害现象。

二是坚持当事人必须具有独立活动能力和资格的原则。经贸合同的签约人必须具有法人资格和诉讼能力，如谈判人是当事人或当事人的受托人。谈判者必须事先验明资格问题，如在谈判前，可运用适当方式要求对方出具"授权证书"。对原授权证书上未明确"可以签约"的现象，可要求再出示"授权签约的证书"。解决此类"能力与资格"问题，既是对谈判双方尊重，又保证了"谈判结果和合同的法律效力"。

三是遵循法律规范要求的原则。法律规范代表了国家、社会以及谈判当事人的长远利益与根本利益。遵守法律规范是公民的义务。因此，谈判当事人的一言一行均要符合法律、法令和政策等的规范要求，只有当事人的意志和言行与法律相符时，法律才保证当事人的行为所引起的法律后果；经贸谈判也才能在正当、有序的范围内顺利进行。在我国，《中华人民共和国经济合同法》第六章第五十三条已对不法经贸合同作了具体描述，如"订立假经济合同，或倒卖经济合同，或利用经济合同买空卖空，转包渔利，非法转让，行贿受贿……"这些法律规范也是谈判者的谈判伦理规范。

四是权利义务一律平等的原则。没有无义务的权利，也没有无权利的义务，相应的权利总是与相应的义务相联系，这就是权利和义务的平等性与一致性。合同的当事各方既然享受了权利，就必须履行该尽的义务；同样，既尽了义务，就有该享受的权利，二者不可分割。据此，在谈判中就不允许依仗权势或优越地位强迫对方服从自己不合理的要求，坚决反对以大欺小，搞"不平等条约"和"霸王合同"。

五是贯彻等价互利的原则。等价交换与等价互利，是商品经济的基本运行规则。贯彻等价有偿，也就是坚持公平合理，这是权利与义务的另一侧面。在经贸活动中，无论是购销、承包工程、加工、租赁、借贷、运输、仓储、供电用电、保险等业务必须坚持这一以等价交换为基本精神的等价互利的财产流转原则，坚持权利与义务对等，所得与所支等价。

六是坚持正大光明、诚实经商的原则。社会主义市场经济，不仅在交易本质上，而且在谈判过程中，都要坚持正大光明、诚实经商的原则，不允许坑蒙拐骗，也不允许挂羊头卖狗肉式的虚假广告、名不副实的宣传和以此为前提的谈判和交易手法。法律规定，"采取欺诈"手法签订的合同不仅无效，而且还要赔偿已造成的损失。

七是反不正当竞争，坚持正当竞争的原则。商业竞争是一种调节和激励机制，可以推进商业活动主体素质的提高，有利于市场的繁荣、降低费用和节约劳动，提高流通领域的经济效益，使消费者的需求得到满足，利益得到保护。坚持正当竞争反对不正当竞争是每个商务谈判者的应尽义务。下列行为均属于不正当竞争：（1）弄虚作假、以次充好、以假乱真、销售劣质和假冒商品；（2）在商标、广告和商品说明书上进行欺骗性宣传；（3）采用贿赂或变相贿赂等手段推销或采购商品；（4）制定限制竞争协议、销售者互相串通，在价格、货源和网点上实行地区性和行业性垄断；（5）滥用行政权力、特殊职业权利和特殊社会地位，限定他人购买、限制别人经营以及禁止和封锁地区间商品流通；（6）强买强卖，欺行霸市，违背购买者意愿强行搭售商品或附加其他不合理销售条件；（7）假冒他人注册商品，伪造或擅自使用他人商标、装潢、包装和企业名称，或伪造和冒用名优标志和盗用获优产品等，进行欺骗性销售；（8）用各种非法手段盗窃、获取、披露、使用他人商业秘密，严重损害生产者和经营者的合法权益。

大陆法系与英美法系是世界上两个主要的法律体系，这两个法律体系在本质上是相同的，但在形式、编制体例以及某些具体的法律原则方面，又各有其不同的特点。在国际商务谈判中，必须要了解这两个法系的商法及合同法，其伦理原则主要表现为：

（一）合同必须合法

虽然两个法系的各国都主张"契约自由"和"意思自主"是合同法的基本原则，但对契约自由都有一定的限制，即无论英美法系和大陆法系的国家的法律都要求当事人所订立的合同必须合法，并规定，凡是违反法律、违反善良风俗与公共秩序的合同一律无效。根据某些英美法系学者的分类，非法的合同可以归纳为三类。

第一类是违反公共政策的合同。这是指那些损害公众利益，违背某些成文法律所规定的政策或目标，或结果将妨碍公众健康、安全、道德以及一般社会福利的合同。显然，这类合同将损害公众利益。有些国家(如美国等)对这方面的要求还很严格，他们把冒充公职和妨害司法的合同也归为违反公共政策的合同一类，例如贿赂公职人员，或出钱出力帮助他们进行诉讼，为的是胜诉后分享利益一类的合同都属于非法。大陆法系中，则把违法、违反善良风俗与公共秩序的问题，同合同的原因与合同的标的联系起来加以规定。所以，大陆法系构成合同非法主要指两种情况，一种是交易的标的物是法律不允许进行交易的物品，例如毒品和其他违禁品，另一种是合同的原因不合法，也就是说合同追求的目的不合法。例如，甲与乙相约，乙肯为甲去做某种犯罪行为，甲即允诺给予报酬若干，这种允诺在法律上是无效的，因为他所追求的目的是驱使他人做犯罪行为，而这种行为是法律所禁止的。

第二类非法合同是指不道德的合同。按英美法系的解释，不道德合同是指那些违反社会公认的道德标准，那些即使法律予以承认但会引起正常人的愤慨的合同。

第三类非法合同直接指违法合同。这种违法合同包括的范围很广，例如以诈骗为目的的合同、赌博合同等，都是违法的。此外，凡法律要求有执照才能开业的专业人员，如医师、律师、药剂师、设计师等，如没有执照即擅自与别人订立合同从事业务活动，也属于是违法的。上述三类非法合同，既不产生权利，也不产生义务。当事人不能要求履行合同，也不能要求赔偿损失。法院原则上也不允许以无效的合同提起诉讼。由此可见，合同必须合法，不仅是法律要求，也是一条商务伦理的原则。

（二）合意必须真实

合同是双方当事人意思表示一致的结果，所以各国合同法中都强调"意思表示必须真实"，如果当事人意思表示的内容有错误或意思与表示不一致，或是在受欺诈或胁迫的情况下订立的合同，虽然当事人双方达成了协议，但这种合同的合意是不真实的。这一交易中的伦理原则，在谈判中是很强调的。为此，无论是英美法系还是大陆法系，对"错误""欺诈"与"胁迫"都作了规定与要求。例如，《法国民法典》第1110条规定，错误只有在涉及合同标的物的本质时，才构成无效的原因。一是关于合同标的物的性质方面的错误，这一性质自然不是指那种可有可无的一般性质，而是指"基本品质""决定性的考虑"或"买方非此不买的品质"，例如，买方以为他所买的是毕加索的画，但后来却发现并非是真迹，他可依法主张合同无效。二是关于涉及认定谁是订立合同的对象上产生的错误。例如承包合同、雇佣合同或借贷合同等，因为在这些合同中，对方当事人的身份、能力、技能和品格对当事人决定是否同其订立合同具有重要意义。

关于欺诈，以英美法系中美国合同法为例，以下四点是可以构成起诉的欺诈的因素：（1）对重要事实的错误陈述；（2）进行错误陈述时即已知道其虚假性；（3）怀有欺骗的意图；（4）给另一方造成损失。美国法认为，只要具备这四条，即已构成了欺诈。只要是虚假的陈述，自然也是错误的陈述。这就违反了合意必须真实的伦理原则。英国在1976年的《不正确说明法》中把不正确说明分为两种。一种叫非故意的不正确说明，另一种叫欺骗性的不正确说明。不正确说明，指的是一方在订立合同之前，为了吸引对方而对重要事实所做的一种虚假的说明。它既不同于一般商业上的吹嘘，也不同于普通的表示意见或看法。按英国法的解释，如果做出不正确说明的人是出于诚实地相信真有其事而做的，那就属于非故意的不正确说明，而如果做出不正确说明的人并非出于诚实地相信有其事而做的，则属于欺骗性的不正确的说明。英国法律对于欺骗性的不正确说明的处理上是相当严厉的，蒙受欺诈的一方可以要求赔偿损失，并可以撤销合同或拒绝履行其合同义务。

胁迫的非法性与不道德性是十分明显的。胁迫是指以使人发生恐怖为目的的一种故意行为。各国法律都一致认为，凡在胁迫之下订立的合同，受胁迫的一方可以主张合同无效或撤销合同。因为在受胁迫的情况下所做的意思表示，不是自由表达的意思表示，不能产生法律上意思表示的效果。

（三）合同必须按条款严格履行

合同的履行是指合同当事人实现合同内容的行为。各国都认为，合同当事人在订立合同之后，都有履行合同的义务，如果违反应履行的合同义务，就要承担相应的责任。各国的法律都对此作了详细的规定。在德国民法中，把违约区分为"给付不能"与"给付延迟"两类。而给付不能又区分为自始不能与事后不能两种情况。如属于自始不能这种情况的，合同在法律上就是无效的。如果一方当事人在订约时已经知道或可得知该标的是不可能履行的，则就要对因信任合同有效而蒙受损害的对方当事人负赔偿的责任。对于"给付延迟"，也区分了没有过失的履行延迟和有过失的履行延迟两种情况。如果是违约的一方有过失时，它就应赔偿对方因其违约所造成的损失。在与大陆法系有所不同的英美法系中，规定了如果一方当事人违反了合同的主要条款，对方就有权解除合同，可要求赔偿损失。具体来讲，在商务合同中，关于履约的时间、货物的品质及数量等项条款，都属于合同的主要条款，如果卖方不能按时、按质、按量交货，买方有权拒收货物，并可请求赔偿损失。这些条文既是法律的，也是伦理的。作为伦理原则，它要求谈判者们自觉遵守；作为法律条文，它们对违反者强制实行。

上述三条是国外商务伦理的基本原则，是以"信"为中心的伦理行为准则，也是合法与非法商务行为的界限。超越这一界限，便超越合法的界限，将被绳之以法。但是，在合法的界限以内，法律还是给伦理留下了许多空间使其找到回旋的余地。从某种意义上讲，这是由资本主义商务的利己主义本质所决定的。以对"欺诈"行为的裁定为例，依美国合同法的精神"沉默或秘而不宣本身并不是错误的陈述"，也就是说，不能将"沉默或秘而不宣"作为"欺骗"一样对待。按美国律师的说法：在没有义务讲话的情况下，一个人不需要坦露他的高级情报。如一方要向另一方购买某个商品时，买主可以不告诉对方该商品的价值。若是古董买卖，买主不可能也无义务告诉对方该古董的连城价值；若是土地买卖，买主也无义务告诉对方该土地的资源情报。这些都可以说是高级情报，从而不需要披露。只是在两种情况下不允许沉默：一是一方已知某种陈述不真实，而另一方相信了该陈述是真实的，已知真情的一方不能保持沉默，而有说明的义务；二是某方无意中错误地陈述了一个事实，后来知道该陈述有误，应通知对方真实情况并声明前述有误。又如关于对"错误仅涉及合同标的物的本质时始构成无效的合同"，这是著名的《法国民法典》的第1110条规定，等于说并不是所有的错误陈述都可以列入欺诈的范围。按法律的规定，陈述是实质性的还是非实质性的，其区别不在于所制定的合同是不是实质性的，而欺骗对促成制定一个合同的诱惑是不是实质性的。也就是说，在谈判中有许多条件需要陈述，而这些陈述决定着交涉的结果。有的条件为次，有的条件为主，只有错误陈述在带根本性的条件即可促使对方成交的条件上发生方视为实质性的陈述，上述民法典第1110条才适用，换言之，如不是发生在带根本性条件上的陈述，即使错误，也无追究的必要了。因此，我国谈判者在涉外谈判中，虽然自己不用欺诈手段来谋取合同作为自律的商务谈判伦理原则，但作为自己一方，也不可粗心大意。诸如在"签约地的注明""仲裁地的明确"以及"问题与纠纷的处理方式"等非实质性的条款谈判上，都应有适当防卫。

■ **案例阅读 7-2**

商务谈判中的伦理——以全球气候谈判领域为例

气候谈判法律模式的三个向度是：造法性条约模式、自下而上的谈判模式、伦理商谈模式。

本节着重讨论全球气候谈判中的自下而上的谈判方式。在全球气候谈判领域，自下而上的谈判模式的启示是：由于人类社会的发展所急剧排放的大量二氧化碳使全球变暖的趋势日益加快。气候变化已然成为人类共同面临的全球性问题，各国均应在应对全球气候变暖这一紧迫问题上做出切实的行动以遏制恶化趋势。为此，各国应承担更多的二氧化碳减排义务。但受历史、地域、经济社会发展程度等多种因素的影响，各个国家在应对气候变化问题上的原则立场以及承担减排的具体义务各不相同，即不同国家在该问题上有各自不同的"标准"。面对这种难以调和的冲突，各国以某一共同性"标准"收场气候谈判并付诸实践几乎没有可能。这也正好解释了为什么哥本哈根会议在连续多日的口水战后并没有达成任何有约束力的谈判协议的真正原因。面对这一窘境，已在国际事务谈判中成功适用的自下而上谈判模式似能有所作为。自下而上的谈判为全球气候谈判提供了可行的模式。在全球气候谈判中，应承认各缔约国之间真实存在的差距和冲突，并根据各缔约国历史、地域、经济发展等方面的差异而确定各国所要达成的减排等行为义务。一方面，应根据气候问题的紧迫性和共同性而确定各国在气候谈判中必须承担的"一般性义务"，如确定5%这一各国均能接受的减排幅度，各国超过基本减排幅度的保留等事项。另一方面，由于各国之间的能力差异，应确定逐步提高减排指标和推进减排技术的减排"路线图"或"承诺表",逐渐接触保留幅度。自下而上的谈判模式确立了承担义务的最低门槛,并通过逐步加强和提高的动态过程,使全球气候谈判趋近预设的目的,回归谈判的初始目的和伦理诉求。

与自下而上谈判模式相对的是自上而下的谈判模式。自上而下的谈判模式是指谈判各方预先确立一个高标准的义务,但允许谈判各方对所承担的义务提出保留,谈判各方应在后续行动中逐步取消保留、提高义务标准并最终回归谈判初始时确定的标准,如经合组织在多边投资协定谈判中采用的谈判模式。在气候谈判领域,各国基于发展国内经济的考虑,很难在谈判之初确立一项高标准的减排义务,后续谈判行动更是无从谈起,因此,虽然上述两种谈判模式均在国际事务谈判中被广泛运用,但具体到全球气候谈判领域中,似乎只有自下而上的谈判模式具有可行性。

第三节 如何应对谈判中的非道德手段

一、应对欺骗和威胁

(一)欺骗

这是谈判中经常使用的一种伎俩。即对方在陈述客观情况时,故意隐瞒真实情况,编造一些虚假的事实,欺骗对方。例如:"这种产品是我们用引进国际20世纪90年代末最先进的设备生产的,质量性能是一流的"。实际上,引进的生产设备充其量是80年代的产物,是外国企业淘汰下来的设备。这就是明显的欺骗行为,是违反职业道德的。尽管可能一时欺骗了对方，但是很难保证永远不露马脚，对方一旦发现他被欺骗，就会想尽一切办法报复，后果是消极的。故意欺骗不同于没有讲出全部情况。有些时候，出于某种需要，并没有讲出全部情况或全部真相，但并没有编出虚假的情况欺骗对方，这属于没有讲出全部情况。

在现实中，欺骗的情形有多种：

第一，别有用心的对手常常会借与你谈判之机，诱使你披露全部或部分情报，而他却并不一定与你做交易。许多情况下，使用这种伎俩的人是想让你抛出建议，然后再用这些建议向其他有目标的客户压价，从而寻找他认为最理想的客户，这在当今的贸易洽商中简直是司空见惯。对付这种欺骗手段的有效办法是想方设法澄清对方的谈判动机，除非你确信对方只与你一家进行了实质性接触，否则，不要轻易提供有价值的资料情报。

第二，谈判对方往往提供一大堆有名无实的资料，让你在其中寻找，发现星星点点的有用情报，更多的是以假象欺骗你。如提供过时的价格标准，不符合实际的数字，夸大的产品质量性能，失效的技术专利等，以引诱你洽商。

第三，谈判对方可能派遣没有实权的人与你商谈，以试探你的态度、立场，或故意透露给你错误的情报，诱骗你上当。在有些情况下，当你与对方协商，谈妥条件，准备签署协议时，对方的所谓实权人物出面，否定了你已议好的主要条款，再重新商议。由于你已经花费了许多时间精力，不愿意看到交易功亏一篑，或负有成交的使命，不能空手而归，只好妥协，以求签署协议，这种不道德的做法，也属于故意欺骗。

对付这种情况的办法是：一方面，在进入实质性条款洽商中，要认真考察对方的权限范围，你可以直接询问对方："在这个问题上，你有多大的权力范围？"如果对方回答含含糊糊，你可以要求直接与对方有决定权的人谈判。你也可以通过各种渠道，了解对方在企业中的地位、权力与责任。对方在交谈中常常含糊其词，不讲实质性的内容，要么是别有用心，要么就是无权决定，一定要引起警觉，可采用假设条件策略试探对方。另一方面。如果对方想在谈妥之后重新反悔，决不能轻易退让。

第四，在个别情况下，还会出现谈判一方擅自改动协议书的内容，单方毁约的行为。因此，必须仔细审查协议书的内容，责任条款是否清楚，意思表达是否完整，措辞是否严谨，避免可能出现的漏洞与疏忽，减少可乘之机。

（二）威胁

威胁大概是谈判中用得最多的伎俩。因为威胁很容易做出，它比提条件、说服要容易得多。许多谈判人员自觉或不自觉地使用威胁手段。但是谈判专家对一些典型的案例研究表明，威胁并不能达到使用者的目的，它常常会导致反威胁，形成恶性循环，损害双方的关系，导致谈判破裂。实际上，表达同样的意思有各种方式，如果有必要指出对方行为的后果，就指出那些你意料之外的事，陈述客观上可能发生的情况，而不提出你能控制发生的事。从这一点来讲，警告就要比威胁好得多，也不会引起反威胁。

威胁的副作用很大，优秀的谈判者不仅不赞成使用威胁，而且尽量避免使用威胁的字眼。研究表明，威胁常常来自那些壮志未酬、虚荣心受挫，同时存在自尊心问题的人。对付威胁的有效办法，是无视威胁，对其不予理睬，你可以把它看成是不相干的废话，或是对方感情冲动的表现。你也可以指出威胁可能产生的后果，揭示使威胁成立的虚假条件，这样，威胁就失去了应有的作用。必要时，对威胁进行反击也会效果很好。

（三）假出价

这也是一种欺骗性的谈判伎俩。使用者一方利用虚假报价的手段，排除同行的竞争，以获得与对方谈判或合作的机会，可是一旦进入实质性的磋商阶段，就会改变原先的报价，提出新的苛刻要求。这时对方很可能已放弃了考虑其他谈判对手。不得已而同意他的新要求。

假出价与抬价策略大同小异，其差别主要是：假出价的目的在于消除竞争价，排除其他竞争对手，使自己成为交易的唯一对象。也正是因为这一点，使得假出价成为一种诡计，具有欺骗的性质，如果我们不能对此有所认识、难免会吃亏上当。

如何对付对方的欺骗呢，要认识到耍这种手腕的人大都是在价格上做文章，先报虚价、再一步步提升，以达到他原先预想的目标。因此要围绕这一点采取对策。

第一，要求对方预付大笔的订金，使他不敢轻易反悔。

第二，如果对方提出的交易条件十分优厚，你就应考虑是否对方在使用这一伎俩，可以在几个关键问题上试探对方，试探他的底细。

第三，当某些迹象显示出有这种可能时，要注意随时保持两三个其他的交易对象，以便一旦出现问题，进退主动。

第四，必要时，提出一个截止的日期。如到期尚不能与对方就主要条款达成协议，那么就应毫不犹豫地放弃谈判。

第五，只要可能，最好请第三者在谈判的合同上签名做证，防止对方反悔。

二、陷害对手的伎俩以及应对策略

谈判者是谈判活动的主体，而且谈判的最终结果也取决于谈判人员的策略选择和战术运用。但如果谈判主体受到攻击和刺激，处于非理性状态，那么，谈判的天平就会倾斜，并很可能左右谈判结果。我们强调谈判要使用符合职业道德和标准的策略技巧，但现实中，最常见的，也可能是最直接奏效的却是谈判中使用的阴谋诡计的伎俩，而对谈判对手的攻击和陷害就是其中之一。

（一）人身攻击

一提到人身攻击。常常会使人想到，愤怒的一方面红耳赤，唾沫横飞，指责谩骂另一方，有的人甚至拍桌子，打凳子，高声叫喊。这种做法的目的就是企图用激烈的对抗方式向对方施加压力，迫使其屈服。因为在日常生活中，人们惯于忍耐，常常把自己的愤怒、恐惧，冷漠或者绝望等情绪深埋在心底，一旦在特殊的场合遇到这种情况，便不知所措了，妥协恐怕是他首选的出路，否则，谈判对峙或破裂就是不可避免的了。

人身攻击的另一种表现就是寻找各种讽刺挖苦的语言嘲笑对方，羞辱对方，使对方陷入尴尬难堪的境地，借以出心头之气，或激对方让步。这种伎俩有时可能达到目的，但更多的情况是把对方推到了自己的对立面，使谈判变得愈加困难。也有的时候，人们使用这种表现是想突出自己，强调自己的力量和能力。最著名的要数苏联领导人赫鲁晓夫在一次联合国会议上的发言，他为了强调自己，竟然用鞋子敲打会议桌。事实上，他这样做也确实达到了他想要的效果，人们对他的发言内容不一定记得了，但对于这样一件事却经久不忘。

人身攻击的第三种表现是采用或明或暗的方式，使你产生身体上和心理上的不适感，你为了消除这种不适而向对方屈服。例如，他可能暗示你没有知识，拒绝听你说话，或故意让你重复说过的话，他们还很可能不用眼睛看你讲述一些问题。实践证明，大多数人对此感到不舒服，却又无法提出。此外，还可以故意给对方造成不舒服的环境，如过高、过矮的椅子，别扭的座位，过亮、过暗的光线，低劣的饮食，持续不间断的会谈等，都会给对方造成极不愉快的心理，许多人会因此变得蛮不讲理，沮丧甚至丧失理智。自然，妥协让步是他们为改变这种状况的最简便、最省事的办法了。

应对措施：

适时、适度的反击，要比不反击有效。对待比较严重的人身伤害，我们不能无动于衷，特别是在极其正式、庄重的场合。有时需要义正词严指出，必要时予以警告，要使对方认识到，他的做法对你丝毫无损，只会破坏他自己的形象。最后，对于环境给你造成的不适，要明确地提出来，必要时，抗议或退出谈判也是一种有效的策略反击。

（二）暗盘交易

许多人把谈判中的贿赂称为"暗盘"交易。贿赂历来都被人们视为是可耻的，有些人甚至深恶痛绝。但是在商业活动中，贿赂存在却是不争的事实。为了达成某种交易或创造更有利的交易条件，利用金钱、商品向他们选定的人行贿。贿赂行为的危害性极大，它不仅腐蚀了人们的灵魂，败坏社会风气、损害了国家和企业的利益，也破坏了交易的公平合理性。贿赂本身就意味着用不道德的手段达到不道德的目的，获取他不应该得到的东西。一些人通过行贿，获得重要的商业情报；以低价购进稀缺物资；以高价出卖滞销商品等。总而言之，试图通过贿赂解决交易中的一切问题。因此，必须坚决抵制贿赂行为。

"暗盘"交易在世界各国都是广为存在的一种现象。这种行为产生的原因是多方面的，既有文化、历史的原因，也有社会制度、企业外在环境原因，更与谈判者个人自身素养、职业道德等密切相关。

首先，"暗盘"交易有生存的土壤与一些国家的文化传统有关。在一些国家送礼（指较为贵重，含有贿赂）并不受文化的谴责，甚至成为一种普遍的社会习俗。例如，在日本，送礼是司空见惯的社会行为，企业的高管人员之间的礼尚往来，成为一种相互之间联系的重要纽带，以至于在日本人们在意的是礼物的内容和等级不要搞错了，但人们通常对认为比较重要的客户或交易对象送贵重的礼物是合适的。在这种情况下，你很难区别这一礼节是表示个人对你的心意还是你应当在生意中关照他。在亚洲通过送礼而达到个人目的、企业目的并不是个别现象，尽管人们认为这样不妥，但受谴责的程度和人们对此的态度与欧美有很大不同，所以，这样的做法还是有很大的市场。

其次，惩罚的制度措施。社会的正常运行，法规和制度是必不可少的，而且，对于违反规定和制度的人要有有效的惩治措施。在西方社会，市场经济的历史比较长，社会运行的方方面面是通过法规、制度来治理，人人要遵法、守法。西方社会的法律体系健全，法规条例较细，这使得违规的人需要付出较大的代价。因此，这种"暗盘"交易的行为较少。但在许多不发达国家，社会制度处于转型期，甚至百废待兴，想方设法为个人或小群体牟取私利是人们快速发财致富的一个重要途径，更重要的是人们这样做付出的代价较小，甚至不受惩治，这也是"暗盘"交易屡禁不止的原因。

最后，市场经济是法制经济，也是公正经济，几百年市场经济历史的积淀严密的法规制度使西方人很少或不去采用不公正的手段来获取个人或企业的额外利益，并将其视为不道德。此外，西方国家文明程度较高，公然做违法事情的人很少，人们也养成了一种自觉遵守纪律或制度的习惯。但在一些发展中国家，情况有所不同。例如中国，由于少数人的违规交易，特别是拥有权势的人，利用权力为自己谋得大量的利益，法规的惩治有限，道德谴责软弱，这就起了极坏的示范作用，许多人千方百计创造机会为个人牟取私利。所以，"暗盘"交易不但难以禁止，甚至在一些地区愈演愈烈，"权钱交易"已成为一些官员腐败的特征。在这里，什么谈判策略、技巧都毫无意义。

应对措施：

第一，要不断提高全民的自身修养和文化，创造一个以法治国，人人懂法讲法的大环境。

第二，要建立健全社会的各项法规制度，加大对违规人的惩治和处理，特别是加大从经济角度的处罚，提高其违规的代价。

第三，要教育谈判人员树立牢固的法制观念并制定严格的办法、措施，减少可能发生类似行为的机会，特别要加强对交易进程的监督管理。

第四，要严格选用工作人员，实施人员轮换制度。与此同时，严格查账制度，杜绝财务漏洞。

第五，主要领导必须廉洁奉公，以身作则，并经常对有关人员进行职业道德的教育，防患于未然。

需要指出，还要注意区分什么是贿赂行为。不能将贿赂与礼节性馈赠相混淆。在商业交往中，互相宴请，赠送礼品也是常有之事，它有助于加强双方的交往，增进双方的感情，这种"润滑"也是必要的。

（三）"人质"战略

在商业竞争中，"人质"战略的运用也是司空见惯的。只不过有的人认为这一伎俩符合商业习惯，可以广泛使用。而有的人则认为这种做法不道德，不应采用。我们认为，超出职业道德或完全是利用这一点为己方获得利益的，应该属于被谴责或限制使用的谈判战术。

商业交易中的"人质"战略，不同于政治斗争中那种以扣押人质作为交换条件的做法。这里的"人质"是泛指对谈判双方有某种价值的东西，包括金钱、货物、财产或个人的名誉。例如，A公司与B公司谈判，购买B公司的设备。在交易中，B公司采取的战术是："你必须从我这儿购买设备的附件和其他零配件，否则，我们则无法提供这套设备的关键部分"。这就是"人质"战略的具体运用。这里的"人质"就是机器设备。B公司看准了A公司必须购买他的机器设备，就借机向对方提出进一步的要求，迫使对方接受。像这样的情况，谈判中会经常出现。

1. 常见战略类型

在商业交易中，"人质"战略是最经常使用的一种手段。但当这种手段使用是合乎职业道德并主要不是以损害对方利益为己方牟利时，这种策略是允许使用并十分有效的。但如果不属于上述情况，使用者是通过利用自己拥有的优势或某种东西以损害对方利益为己方谋利，这就超出了职业道德和规范。

在商业上，买方经常采用的手段是：

一是以低于赊欠额的汇票或支票作为清偿债务的全部，例如，买了500万元的货物，支付了350万元的费用。

二是先侵犯卖方的利益，然后再商谈补救措施。剽窃卖方的商业机密或专利权，待卖方发现后再想法补偿。

三是先将购进的设备安装妥当，然后要求退换设备，或先使用卖方的物品，如汽车，再以性能不好为由要求退还。

四是先将材料使用，再谈改变付款条件。由于对方的产品在你手里，主动权就掌握在你手中。所以，现在比较流行的做法是找一个有实力的中间人。

五是先向法院控告，再设法庭外调解。做出一种姿态，利用对方不愿对簿公堂的心理，先发制人。

卖方经常采用的手段是：

一是先动手修理设备，然后再议定修理费。一些城市流行的街头小贩擦皮鞋，这种简单劳动绝大多数人都认为不会超过五元钱，结果他可能会索要上百元。人们被他这种做法给套牢。

二是延期交货，使买方没有时间要求更换。这主要适用于赶工程，有紧急任务情况。但如果对方不付全款，吃亏的是卖方。

三是收取较高或较多货款，交付较差或较少的货物。这种做法于情于理都说不过去，但却屡见不鲜。

采取"人质"战略，许多情况下会损害对方利益，有时可能造成非常严重的后果。所以，有人称之为商业欺骗或阴谋诡计。商务谈判的实例表明，使用"人质"战略，往往能达到目的，很多困难、复杂的问题，能够轻易获得解决。但是，这种解决并不是靠公平合理、平等互利，而是一方通过手中的王牌压迫另一方接受不合理的条件来实现的。所以，即使达成协议，双方的关系也不会融洽，更不会保持长久的合作。因此，靠"人质"战略达成谈判协议，其后果也是十分消极的。

2. 破解 "人质" 战略

如果在谈判中碰到对手使用这种伎俩，我们必须予以反击。对付的方法，主要考虑到对方是利用手中的 "王牌" 向我们施加压力，如果我们也有张牌，就会改变我们的劣势。

第一，我们要寻找一张王牌，在必要时向对方摊牌。无数经验证明，交易中，如果你有牵制对方的筹码，他会认真考虑使用这一手段的后果。但如果不是这样，对方可能肆无忌惮。

第二，找一个仲裁者，由他提出一个较为公平合理的方案。谈交易比较保险的一个做法就是寻找中间人，这个中间人越有权威，效果越好。而且出现矛盾，也比较容易协商。

第三，必要时，向对方的上级申诉。越级处理不失为一个有效办法。许多问题常常是下属搞糟了。

第四，合同签订应尽量严密，不给对方以可乘之机，在没有得到可靠的保证时，切勿预付款或付货。最重要的一点是，在买卖合约中严格规定：双方应承担的责任、违约条款、处罚措施。在必要的条件下，果断采取法律行动。其他诸如要求数目可观的预付款，寻找可靠的担保人等都是较好的办法。

■ 案例阅读 7-3

松下和飞利浦间的互补合作

20世纪50年代初，在全球范围内拥有相当不错的销售网络的松下电器公司，由于科研实力薄弱，产品的销量不断下滑，公司陷入了发展瓶颈。当时，飞利浦公司是世界上最大的电器制造公司。在此之前，全球有48个国家和地区的公司与他们有过合作，而且都取得了不错的业绩。于是，松下电器公司就想到了与飞利浦公司合作。

当时高桥荒太郎任职松下电器公司的副总裁，他决定亲自出马，与飞利浦公司进行谈判。作为全球电器行业的老大，飞利浦公司当时对这个合作并不太感兴趣，他们对高桥荒太郎提出了非常苛刻的要求：双方在日本合资建立一家股份公司，公司的总资本为6.6亿日元，松下电器公司要出资70%，而飞利浦公司只愿意出资30%，并且，对于这30%的资本，飞利浦公司还不用现金投入，而是以技术指导费作为资金，这意味着松下电器公司要承担这个合资公司的所有资金。

事实上，按照国际惯例，技术指导费一般是3%，远没有30%这么高，用3%的技术指导费来代替30%的资金投入，高桥荒太郎怎么也不会答应。接下来，他用国际惯例反复交涉，飞利浦公司才答应将技术指导费降到5%，对此结果，高桥荒太郎仍不满意，但经过几番努力交涉，依然没办法让飞利浦公司继续降低要求。

这时，高桥荒太郎突然想到了一点，合作不是求人，是双方在寻求建立互利双赢的关系。既然飞利浦也要获利，唯一的办法就是让他们看到松下电器公司的强项！

在接下来的谈判中，高桥荒太郎说："建设合资公司，在技术上接受贵公司的指导，而经营却靠松下电器公司，我们公司的经营技术在全球范围内都是颇受赞誉的，而且对于销售，我们也信心百倍。所以，我们也有向贵公司索取经营指导费的权利！"

高桥荒太郎此言一出，令飞利浦公司的谈判代表深感震惊，他们完全没有料到高桥荒太郎会想出这么一个另类的点子！但仔细一想，又觉得高桥荒太郎的提议并无荒诞之处，一切合情合理。因为松下电器公司已建立起了健全的销售网络，一旦合作产品上市，根本不用再为销售而担心。最后，飞利浦公司终于同意重新考虑合作事宜，双方商定的结果是：由松下电器公司向飞利浦公司支付5%的技术指导费，同时飞利浦公司向松下电器公司支付6.3%的经营指导费。这样一来，松下电器公司不仅不用支付技术指导费了，反而还多了1.3%的经营指导费！

不久，松下电器公司和飞利浦公司合资开办的公司正式成立，其产品很快畅销世界各地，双方都在技术与经营的完美合作中大获其利。松下电器公司更是借此起死回生，迅速突破了瓶颈，逐渐发展成一家国际化大公司。

■ 案例分析

案例当中，松下电器公司和飞利浦公司在合作中都各自发挥了自身的长处，他们能够看清彼此之间的优势和劣势，在合作中互补双赢。其实，商战合作从本质上说是互惠互利的。谈判实际上是一场以盈利为目的的生意，它不同于一场战争，可以置对手于死地，也不同于一场棋赛，可以分出胜负。谈判需要解决的是责任和任务的分配问题，它的目标在于双方能够达成协议，各取所需。

第八章

国际商务谈判的风险及规避

本章学习目标

1. 了解商务谈判的风险概述

2. 熟悉商务谈判的风险类型

3. 掌握如何规避商务谈判中的风险

案例导入>> 近年来，人民币汇率双向浮动弹性不断增强。相应地，企业面临的汇率风险也不断增大。继2015—2016年人民币对美元汇率贬值，造成三大航空公司连续两年出现百亿元的汇兑损失后，2017年由于人民币对美元汇率升值，又有不少企业出现汇兑损失。2018年2月1日，广东汕头超声电子股份有限公司预告汇兑损失，因人民币升值，预计1月产生汇兑损失约4 500万元。

第一节　商务谈判风险的概述

风险是指在某一特定环境下由于某种原因导致的预期收益和损失的不确定性。在商务谈判尤其是国际商务谈判中，谈判风险是指由于谈判双方国家或地区的文化背景、交流方式、礼仪礼节甚至受教育程度存在较大差异而导致双方企业在谈判后结果与预期目标发生偏离的不确定性。不确定因素既可能由个人谈判状态、心理素质等主观原因引起，也可能由于技术、政治背景、自然条件等客观因素引起。

人们对风险的态度可以分为风险厌恶型、风险偏好型和风险中立型。风险厌恶型的决策者更倾向于因为某一项目具有更高的可预测性而接受较低的回报率；风险中立型的决策者对自己承担的风险不要求风险补偿；而风险偏好型决策者则主动追求风险，当预期收益相同时，选择风险大的，因为这会给他们带来更大的效益。根据行为经济学中的卡尼曼理论，大多数人具有厌恶风险的倾向，在确定损失时偏好风险，在损失和收益概率相等时选择保守的规避策略。一般来说，在商务谈判中企业倾向于规避风险，但由于企业不同阶段的计划与目标不同，在商务谈判时也有可能出现追求高风险、高收益的情况。

在商务谈判中，由于双方的观点、利益和行为上的差异，谈判中矛盾、冲突、风险是客观存在的，可能随时出现。这些风险既包括商务谈判过程中存在的一系列风险，也包括谈判活动所带来的风险。在谈判中，风险是谈判双方共同存在、难以避免的，有些风险是双方共同承担的，如谈判过程中的沟通状况、双方关系的亲密程度；有些风险是在双方之间相互转换的，例如谈判过程中涉及的国际贸易运输合同、保险合同的签订问题；有些风险是一方独有的，例如谈判对方的国内政治走向以及社会安全因素等。风险一旦出现，会给双方或某一方造成严重损失和后果。研究商务谈判的风险有利于谈判者在谈判前做好准备工作、防止意外的发生，并且在谈判过程中能够识别风险所可能造成的直接或间接经济损失，从而有效地规避风险，实现公司利益的最大化。

■ 案例阅读 8-1

上海地铁二号线修建贷款谈判

20世纪末，在上海地铁二号线修建之初，由于地铁一号线的良好合作，德国成为上海地铁二号线提供政府贷款的首选国家，贷款总额高达7.8亿马克，但当时最后是否确定还要看德方提供的地铁设备的价格是否合理。结果初次报价时，德方就比中方可接受的价格高出了7 500万美元。中方代表根据掌握的地铁设备的国际行情，知道即使按照中方的报价，德国公司也是有钱可赚的。然而，德方依仗提供政府贷款就漫天要价，德方代表到处制造舆论，扬言要撤回贷款，甚至在谈判桌上拍桌子威胁中方代表：再不签约，一切后果由中方自负。中方代表非常冷静地说："请你不要这样激动，也不要用这种威胁的态度。本人是美国哥伦比亚大学的博士，上海××大学管理学院的院长。对于国际融资的常识和规则懂得并不比在下少。我们现在不是乞求你们贷款，请你用平等的态度对待我们的分歧。"中方代表接着说，"在国际融资中，贷款者和借款者应该是一种平等互利关系，成功的融资谈判双方应该都是赢家"，并十分明确地告诉对方代表，如果不把车辆的价格降下来，他将向上级汇报，中方将谋求其他国家的贷款，而谈判破裂的后果将由德方负责。由于中方代表拒绝在协议上签字，原定科尔访华期间签署的上海地铁二号线贷款协议不仅未能在北京如期签约，而且在上海也未能签署。德方代表在以后的谈判中不得不缓和自己的态度。后来又经过一轮又一轮的艰苦谈判，德方终于同意把设备的价格降低7 500万美元，整个地铁项目的报价也比原来的报价降低了1.07亿美元。谈判最后取得了成功。

第二节　商务谈判风险的类型

商务谈判中的风险可以有多种分类，按风险的性质可以分为主观风险和客观风险，按风险发生的时间可以分为场上风险和场外风险等。本书将风险做了如下积累归纳：

（一）自然风险

自然与我们的生活息息相关。一个地区的自然环境对经济活动也有影响。正常条件下，不同地区的自然环境不同，因此该地区的水、矿产、土地等资源条件也不同。此外，自然力的不规则变化产生的现象会对经济活动、物质生产或生命安全产生影响。因此除了普遍面对的自然环境风险以外，在国际商务谈判中我们还面临着自然灾害带来的风险，如洪水、泥石流、地震、台风、飓风、龙卷风、瘟疫等。

（二）政治风险

经济和政治密切联系，二者辩证统一。经济决定政治，任何社会的政治，就其性质而言，都是由该社会的经济关系和经济制度决定的。政治对经济有反作用，指导影响或制约经济的发展。因此，在国际商务谈判这项经济活动中，我们不可避免会受到政治因素的影响，面临着政治风险。

政治风险主要是指谈判中政治环境的不确定性。政府的方针政策、国家的运行方式、国际的政治格局等都会对商务谈判产生影响。然而政治环境中的风险难以识别、预测、避免，同时影响面大，因此政治风险威胁性不容低估。

一国政策的制定体现了该国利益的追求。每个国家追求的利益不同，因此政策上存在一定的差异。在国际商务谈判中首先要面对的就是不同的政策，尤其要警惕在谈判过程中，国家层面因为利益冲突而造成的政策变化。

一般来说，国家的发达程度和其政策的变化频率存在负相关性。发展中国家的政策变化总是很大，比如像我们国家，随着经济的快速发展，各个行业日新月异，很多政策必须要与时俱进。相反，发达国家的政策变化较小，法制建设成熟，执法力度很大。

除了政策的变化，还要警惕政策的倾斜。一方面体现在国内对不同阶段、地区、行业、职业所制定的政策有所不同，另一方面体现在跨国经营中优惠政策的差异。

（三）市场风险

国际市场风云变幻，市场上各种因素动态交织变化，这种不确定性和复杂性不可避免地给市场的参与者带来了损益的可能性。从商务谈判的角度来看，市场风险主要体现在：汇率风险、利率风险和价格风险。

1. 汇率风险

汇率风险是由于汇率变动而造成结汇变动的风险，一般来说，风险的大小与付款期的长短成正比，因为合同从签订到履行之间的这段时间，汇率有可能会发生变动，而且这种变动很难预测。在国际货币市场上，各种货币之间的汇率起起落落，当这种变化比较微小且交易量也较小时，对双方来说损益不是特别明显。但一旦汇率剧烈变动或涉及巨额货币交易量，那么随之而来的就是一方的巨额损失，往往会带来支付问题。

2. 利率风险

利率是投资者投资决策的依据之一。在决策中，投资者判断项目是否值得投资，往往会将投资回报率与银行利率进行比较。然而利率同汇率一样，都会有波动，对于决策者来说这不仅会引起回报率的变化，如果涉及贷款，还会引起融资成本的变化。众所周知，利率是一国政府调控宏观经济的重要杠杆，政府可以通过变动利息来干预经济，调节通货。当经济萧条时，政府会降低利息率，扩大货币供应，刺激经济增长；在膨胀时期，政府会降低利息率，减少货币供应，以防经济过热。一国如此，那么在国际贸易中，由于不同的国家有不同的体制和状况，利率变化的规律也不尽相同，利率风险就显得更为复杂。如果利用国际商业贷款从事商务活动，必须要提前做好充分的预测。

3. 价格风险

外汇的价格为汇率，资金的价格为利率，在价格风险里，价格作狭义的理解，主要为商品的价格。商品价格变化主要受供求因素的影响。供不应求时，商品的价格上升，供大于求时，商品的价格下降。但现实中，分析供求市场面临很多不确定的因素，例如突发的政治事件、恶劣的天气、流行疾病等。以大型工程为例，它的投资规模较大，持续的时间较长。若己方是报价方，如果在谈判初期就将原材料和设备的价格以固定价格确立下来是具有风险的，因为后期商品价格可能会上升，报价低了会使自身受损；若对方是报价方，如果要求对方以固定价格形式报价，对方会将不确定性因素加入，从而使价格偏高。因此在大型国际工程项目中，人们一般采用期货价格或浮动价格。期货价格既可避险，也可投机。浮动价格虽然无法同时避免汇率风险、利率风险，但就原材料、工资、设备来说浮动价格显得更为公平合理。但无论如何，期货价格、浮动价格这两者都还是隐含着一定的风险。

除此之外，价格风险还体现在确立价格上。就卖方而言，报低价能够通过向买方示好，以建立长期的合作关系，但如果此次交易不愉快，让利的部分就打了水漂；报高价则有将卖方推向竞争对手的风险。真正计算出合理的价格是非常困难的，必要时可以借助专业的咨询机构来确定价格。

需要注意的是，在国际商务谈判中，汇率、利率、价格三者变动往往不是单一的，三种风险往往是错综复杂地交织在一起的。因此在研究市场风险的时候，必须要综合分析，全盘考虑。

（四）人员风险

1. 素质风险

人员的素质风险是指谈判成员的专业技能、心理素质、谈判经验、谈判技巧对最终谈判结果影响的不确定性。谈判成员一经确定，便形成谈判人员的素质风险问题。虽然一个人的专业知识和性格能力并非短时间内能够改变，但是谈判当天谈判者的健康状况、心情、场外的其他意外以及谈判场上的突发事件都会对谈判者产生影响。

2. 性别风险

谈判者的性别也有可能成为影响谈判的因素。一方面，在大数据样本下男女性格的确存在差异，男女的形象、沟通方式、语言表达方面皆有不同。因此，在不同类型的谈判中，谈判成员的性别配比也会对谈判场上局势的把控产生影响。另一方面，虽然在大多数国家女性越来越多地在社会中担任要职，但是在中东、东南亚等国家和地区，由于宗教、社会传统等因素的影响，在商务谈判中女性谈判者仍会受到一定的抵触。因此，在与这些国家进行商业往来时，己方选择女性进入谈判就会产生较大风险，甚至可能出现对方拒绝谈判的情况。

3. 人际关系风险

除了上述类型的风险外，谈判者自身的人际关系背景也会对商务谈判产生影响。这里所说的人际关系风险一方面是指己方谈判成员是否与对方谈判成员有过过节或者歧视、厌恶等非正常态度；另一方面是指己方的谈判成员是否在其人际关系网中被贴上与对方相对立的"标签"，例如同性恋与反同性恋者。因此，在选择谈判成员时，也要将其社会背景、人际关系等因素考虑在内，避免双方在谈判中出现不可调和的信仰、立场的冲突。

（五）技术风险

技术也是贸易的标的之一，例如工程技术、生产技术等硬技术，还有管理技术和决策技术等软技术。在谈判中，我们往往要对技术的来源、所属、先进程度进行分析。无论是选用还是采纳技术都存在着风险，主要体现在以下方面。

1. 技术采用和经济效益

是否采用技术本身就是具有风险的决定。因为在引进新的技术时，要投入大量的人力和财力，牺牲了短期的经济效益。相反，如果不采用，长久下去企业的竞争力又会下降。谈判过程中这方面的讨论不容避免，尤其是投资性项目，时间跨度很大，更是要慎重。

2. 技术落后风险

采用技术的这个过程也具备风险。技术落后风险顾名思义是指因为各种原因而采用引进了落后的技术带来的风险。技术落后风险主要有三种成因：一是合作中，对方对自己的技术有所保留，导致己方损失；二是己方墨守成规，目光短浅，不预测市场变化，长期使用旧的技术；三是由于市场变幻莫测，技术更新换代太快，导致引进的技术短期内贬值。

3. 技术奢求风险

采用技术的过程中还面临着技术奢求风险。技术奢求风险主要是指一方忽视自己实际的需求和对方的技术规范，对于引进的技术水平提出过高的要求，从而带来额外的成本所造成的风险。在谈判中，引进技术的一方往往会希望提供技术的一方尽善尽美，在合作中最大限度地提供先进完善的技术。在这种情况下技术提供方就必须要承担更多的责任和风险，因此会通过提高价格来转移风险。

（六）跨文化风险

人的行为受其背后文化的价值观影响，因此在国际商务谈判中，双方不同的文化背景使得谈判中产生冲突的可能性大大增加。如何看待对方提出的条件，对方的条件是否触及到己方的道德底线，对方的行为是否在礼节上冒犯了己方，这些问题产生的冲突会在跨文化谈判中被放大，如果谈判策略和技巧使用不当，极容易引起对方的不信任，将小问题上升到人格问题，激化矛盾，使谈判陷入僵局。

■ **案例阅读 8-2**

中韩食品采购谈判

内蒙古某进出口公司（以下称甲方）向韩国某公司（以下称乙方）出口某种绿色食品。由于韩国消费市场很大，乙方派人到甲方所在地谈判订货合同。上一单定价为3 950美元/吨，随着订单增加，货物渐显不足，市场价格攀升。双方谈判时，市场价呈现波动状态。甲方要求大幅提高成交价以防将来不能供货，乙方则坚持，未来难料，马上涨价不公平，使谈判僵持不下。乙方志在多订货以抢占韩国市场，而且该食品具有传统的消费基础，有利可图。此外，韩国其他公司也在采购该类食品。乙方认为只要甲方别太过分，可以适当调高采购价。甲方刚刚打开韩国市场，眼见有长期客户，对其出口业务很有利。但货物收购价格的上扬也使其捏了一把汗，心想："千万别形成大亏。"所以，客户要保住，只要不亏就行。

双方恢复冷静后，接着谈判。

乙方："我是诚心与贵方合作，做长远业务，价格可以涨，但因为贵方也不能确定收购时的价格，所以不能随意涨价。"

甲方："涨多少？"

乙方："每吨涨50美元，即4 000美元/吨。"

甲方："市场目前收购价已近3 000美元/吨，贵方出价很勉强，若收购价继续上涨，我公司则无力履约了。"

乙方："贵公司希望以什么价成交？"

甲方："应该以5 000美元/吨成交才有保证。"

乙方："哎哟，一下子涨1 000美元/吨！还不知道韩国市场的价格能不能跟上来呢！"

双方又陷入困境，休会15分钟后继续谈判。

甲方："我们草原上的人一向好客、坦诚，我讲的都是实情，若以4 000美元/吨成交，有可能很难收到货，不能履约怎么办？"

乙方："我喜欢与草原上的人交朋友，我提个建议，请贵方考虑。合同按4 000美元/吨签，若该价与实际收购有差距，我公司可以按市场价补贵方的损失。不过，支付条件要修改，从信用证改为电汇。"

甲方："贵方的建议虽可解决市场变化的问题，但不好操作。市场价变化多大，市场变化多大，贵方才能接受？没有信用证，既不能令我方放心，也影响我方融资。"

乙方："我们可以暂时定个范围，如4 000美元至4 500美元/吨之间，只要在这个价格范围内，请贵方收货，信用证问题可以折中处理。我方可以按合同价4 000美元/吨开信用证，如果真出现超出的价格差部分，则用电汇方式支付。"

　　甲方："贵方建议可以考虑，不过交货的进度应有余地。我方建议可以分批出运，并在信用证中注明此点。"

　　最后，甲乙双方按4 000美元/吨、信用证支付、分批交货的条件签订了合同。

　　在随后的履约过程中，果然发生了意料中的问题，而且情况很严重。由于多家韩国公司到内蒙古抢购这种韩国人爱吃的绿色食品，使货价急速上升，而且货源也短缺，甲方好不容易才以4 400美元/吨的价格备好了两个货柜的货。交货后，一方面议付信用证下的货款；另一方面用电汇方式要求乙方付差额部分。但乙方对差额部分迟迟不作答，甲方感到事情不妙，立即停止收货，交涉收汇之事。乙方回复："韩国市场由于进口货多了，价格下跌，原计划出售的量很难保证，已发出的两个货柜39吨的货能否很快销出还没有把握，我方面临亏损的局面。另外，合同就是签的4 000美元/吨，400美元/吨的差价没有文字依据，我公司财务不同意支付。"虽经多次函电往来，乙方仍不支付。甲方虽然停止了该合同余量的收购，但已交付货的15 600美元应收款却成了问题。

第三节　商务谈判风险的预测与规避

一、商务谈判风险的预测

　　商务谈判风险的预测是指对商务谈判之前、谈判过程中以及谈判结果中可能出现的风险的估算与衡量，即运用科学的方法，根据统计资料系统分析和研究风险信息和风险性质，确定各项风险的频度和强度，为选择适当的风险处理方法提供依据，从而预防事故发生的一种措施。

任何风险事件都是在外界各种因素的综合作用下发生的。因此，在对风险事件的预测中，需要综合考虑到这些不确定的、随机的因素可能造成的破坏性影响。如果未来损失程度对整个事件无足轻重，那么即便事件发生的概率再大，也不值得花费很多时间、精力和财力去对付它。相反，有的一旦发生就会导致惨重损失，即使它发生的概率很小，也必须认真寻找对策，并不惜承担必要成本。因此，事先对风险做出比较可靠的预测是非常必要的。

商务谈判风险预测的内容包括两个方面：一方面是预测风险的概率，即通过资料积累和观察，发现造成损失的规律性；另一方面是预测风险的强度，也就是说假设风险发生，导致企业的直接损失和间接损失大小。对于容易造成直接损失并且损失规模和程度大的风险应重点防范。

商务谈判风险的预测方法：第一，客观概率估计，指应用客观概率对风险进行的估计，它利用同一事件，或是类似事件的数据资料，计算出客观概率。客观概率估计法最大的缺点是需要足够的信息，但通常是不可得的。值得注意的是客观概率只能用于完全可重复事件，因而并不适用于大部分现实事件。第二，主观概率估计，指依靠熟悉业务知识、具有丰富经验和综合分析能力的谈判人员或专家，根据已经掌握的历史资料和直观材料，运用人的知识、经验和分析判断能力，对风险的未来发展趋势做出性质和程度上的判断；然后再通过一定的形式综合各方面的判断，得出统一的预测结论。

二、商务谈判风险的规避

由于规避风险的趋向和对待收益—风险态度的非对称性，多数企业偏向于规避风险。商务谈判风险的规避分为两部分：第一是降低损失发生的概率，第二是减少损失的程度。降低损失发生概率于事前预测并规避，减少损失程度于事后进行弥补和完善。对于风险类别汇总的自然风险、政治风险，既无法预测，也无法避免，只能尽可能多地在谈判前收集相关信息，降低意外事件发生的概率。此外，在谈判中完全规避风险是无法做到的，规避风险只能相对降低风险发生的可能性，想要完全规避风险只有退出谈判，这显然是因小失大的。无论是事前还是事后，对于商务谈判风险应予以重视，但也不要因噎废食。谈判人员要理性分析预测风险，寻找合理的规避路径。一般来说，企业在商务谈判前后可以通过以下方式规避风险：

1. 转移风险

转移风险是指通过保险或者非保险的方式降低己方风险发生时遭受的损失。通过保险方式转移风险是指建设工程业主、承包商或监理单位通过购买保险将本应由自己承担的工程风险转移给保险公司，从而使自己免受风险损失。在国际货物贸易尤其是运输过程中往往需要通过购买保险的方式降低货损或者灭失时的损失。非保险方式是指通过协议、契约的方式让合作方承担有关责任风险，这一规避方法需要在谈判中与对方达成一致，往往需要己方开出更加优惠的条件来换取风险的转移。

2. 求助专家

纵然谈判人员素质再高、工作经验再丰富，也无法做到对谈判对方背景、谈判中出现的问题事事精通。尤其对于难以全面把握和深刻了解的某些专业知识，需要聘请专家顾问，专门答疑。这不仅可以减少谈判前期准备的巨大工作量，也可以有效避免因谈判团队专业知识不足而产生风险。同时，谈判专家可以凭借自身丰富的经验，对于谈判内容、环境、节奏和风格的把握以及在谈判前后及过程中的突发事件提出专业的帮助。这能够在谈判过程中展示出己方的专业素养和公司的风格特色。

3. 跨文化风险的规避

商务谈判中的跨文化风险是由于文化差异及由此引起的文化冲突不能合理化解而导致谈判破裂、目标落空等风险后果。对于跨文化的商务谈判，除了谈判双方的沟通方式、人际关系背景差距较大以外，对谈判中道德伦理的模糊界定也是产生谈判风险的重要原因。伦理道德问题的产生一般和对方采取欺骗性的策略有关，当听说谈判对手的声誉存在问题时可以通过测试对方，如问一些没有大规模公开但己方了解情况的问题，如果对方明显躲闪或说谎，应做好记录，在谈判中加以注意。此外，本族文化主义、价值观念差异、宗教与风俗习惯差异导致的跨文化风险也应在商务谈判中予以注意。

4. 财务手段

在商务谈判尤其是国际商务谈判中汇率波动是影响企业收益的重要因素，对于国际市场上汇率波动的风险可以通过币种选择和货币保值的手段进行规避。在币种选择方面有以下需要注意：第一，选择可自由兑换的货币，一般选择实行浮动汇率制且与人民币挂钩的货币，如选择美元、英镑、欧元等可自由兑换的货币往往可以减少企业的换汇成本；第二，全面考虑，灵活选择，除了遵循使用"硬"货币收汇，"软"货币付汇外，要避免因考虑汇率风险而影响商品及时进出口的情况，选择货币时要根据国别政策和客户信誉情况综合考虑。对于货币的保值可以采取在合同中签订保值条款，通过黄金、硬通货以及"一揽子"货币的方式降低换汇成本。

■ **案例阅读 8-3**

中俄轴承采购谈判

买方：俄罗斯进口商A

卖方：HD轴承生产公司

在国际商务谈判过程中，HD公司向俄罗斯进口商A展示了本公司生产的各类轴承产品，其材料、外形尺寸、规格、热处理工艺等方面都可以满足俄罗斯进口商A的要求，但是，双方在国际商务谈判中，就价格问题陷入了僵持局面。HD公司坚持轴承零件的报价为5美元/件，但是，进口商A却坚持4.5美元/件，不肯做出让步。之后，HD公司和俄罗斯进口商A就价格问题开始了艰苦的国际商务谈判。

俄罗斯进口商A在谈判中发现，HD公司不只是想把轴承零件卖给俄罗斯进口商A，而且还有意将其他不同种类的零部件向俄罗斯市场销售。这使俄罗斯进口商A准备考虑使用迂回的补偿方法，使双方在价格上能够达成一致。因此，俄罗斯进口商A建议，如果HD公司接受了俄罗斯进口商A的报价，则俄罗斯进口商A可以协助HD公司在自己准备参加的俄罗斯零部件国际展览会上展览HD公司生产的其他零部件而不收取任何的报酬，从而使HD公司生产的其他零部件能够有机会进入俄罗斯市场。由于此条件正好满足HD公司开拓俄罗斯市场的需求，因此双方一拍即合。

于是，双方决定就具体的合同条款进行谈判，因为俄罗斯在清关方面一直比较复杂，为了规避风险，HD公司提出交货条件为FOB上海，即货物交到在上海的船上，并办理完清关手续，HD公司即完成了交货义务。在国际商务谈判中，双方就基本问题取得了一致，并且双方签订了供货合同。但是，合同即将履行时，人民币与美元的汇率开始出现了较大的波动，中国面临着巨大而难以抵御的人民币升值的国际压力。因此，当俄罗斯进口商A提出要求HD公司提供银行账户信息用于付款时，HD公司推迟没有答复，双方再度进入僵持的局面。

▪ 思考题

1. 为什么此时HD公司不肯答复？
2. HD公司应如何打破这种僵持局面？

▪ 解析

1. 在本案例中，HD公司与俄罗斯进口商A签订合同后，在即将执行的时候，美元与人民币汇率突然发生变化。人民币升值，只有提高出口商品的价格才能够保证HD公司既定利润的实现，否则，如果仍然按照双方国际商务谈判的价格签订合同，HD公司不但不会实现既定的利益，而且还会给自己造成很大的损失。但是，如果违背承诺而不执行合同，另一方又不能接受，双方的合同很可能就此终止。所以，HD公司此时只好故意拖延，从而形成僵持的局面。

2. 尽管HD公司可以采取拖延的手段，使自己拥有足够时间多方收集有关汇率对出口所产生影响的有关信息，但若迟迟不履行合同，将这种僵持的局面持续下去，很可能会失去一个有可能会长期合作的客户。即使人民币的升值会带来价格上暂时的不利因素，但从长期来看，这种不利影响会在市场上得以消化，从而使HD公司与A公司间的合作关系长久保持下去。因此HD公司需要及时履行已经签订的合同。虽然这笔订单HD公司没有得到预期的利润，但是僵持局面的打破使双方的合作能够顺利进行，并且为HD公司与俄罗斯进口商A今后的合作打下良好的基础。

第九章

国际商务谈判的礼仪

本章学习目标

1. 了解礼仪对商务谈判的重要意义

2. 掌握商务谈判各个阶段的礼仪

案例导入>> 中国某企业与德国某公司洽谈某种产品的出口业务。按照礼节，中方提前10分钟到达会议室。德国客人到达后，中方人员全体起立，鼓掌欢迎。德方谈判人员男士个个西装革履，女士个个都身穿职业装；反观中方人员，只有经理和翻译身穿西装，其他人员有穿夹克衫的，有穿牛仔服的，更有甚者穿着工作服。现场没有见到德方人员脸上出现期待的笑容，反而显示出一丝的不快，导致了谈判的气氛并不是很融洽。

中方代表终于明白为什么第一次见面就令德方人员感到不愉快，其原因在中方代表的着装上，因中方代表着装混乱，在德方看来，中方随意的衣着代表中方不重视这次谈判，因此心中产生不快，从而匆匆结束谈判。商务谈判礼仪一方面可以规范自己的行为，表现出良好的素质修养；另一方面可以更好地向对方表达尊敬、友好和友善，增进双方的信任和友谊。因此要求商务谈判人员应从自身的形象做起，在商务活动中给人留下良好的第一印象。

第一节　礼仪在商务谈判中的作用

一、塑造良好的企业形象

一个良好的企业形象是企业商务活动的基础，而商务谈判贯穿于商务活动的整个过程，从原料采购到企业合作都需要商务谈判，在商务谈判的过程中注意把握礼仪礼节，有利于塑造良好的企业形象，为商务谈判的成功奠定基础。一个讲信知礼的企业形象将是企业无法衡量的无形资产，是增加企业竞争力的一个重要因素。要塑造一个良好的企业形象，首先需要建立知礼守规的企业文化，注重礼仪，恭顺谦让的企业文化会形成内部凝聚力，成为企业运营的一大动力。其次是商务谈判的人员选择，选择一个有礼有节的商务谈判人员不仅能给人以舒适融洽的谈判氛围，对外更是企业形象的代表。最后是面对国际商务谈判时，若合理规避文化差异，在言语和行动上尊重对方是成功谈判的要素，有利于对方对整个企业形象的良好认知。在竞争日益激烈的商务活动中，产品已经不再成为企业竞争的唯一要素，企业形象也逐渐成为成功谈判的重要因素，商务谈判过程中所展现的语言、行为礼仪是企业形象的直接代表，注重商务谈判中的礼仪有利于塑造良好的企业形象，促进商务谈判的成功。

二、增加谈判双方的情感认同，促进谈判的成功

在商务谈判前后均注意行为语言的礼貌，善于利用语言技巧谈判，营造一种轻松愉悦的会议氛围，放大双方共同的价值取向和情感认同，减小双方的矛盾和差异，有助于双方谈判的成功。

在迎接时的礼仪可以给人一个良好的初始印象，让人宾至如归，放松谈判的严肃和紧张，卸下防备的盔甲，是成功谈判的好开端；在谈判时的语言行动礼仪能给人亲切、温暖的感觉，避免谈判中的激烈冲突，在轻松的氛围下进行谈判，一些不那么关键的条款合约自然也就愿意稍作商讨让步，是商务谈判成功的关键环节；在谈判结束后的礼仪最能让人感觉到诚意，无论谈判成功与否，都能平和心态、以礼相待，不仅是个人修养的展现，更是一个公司的气度与风度的展现，此时的礼仪对双方都是弥足珍贵的。

三、建立友谊，加强长期合作

商务谈判实质上就是一个求同存异、谋求双方利益最大化的过程，在整个过程中各方都会为谋取自己企业利益而竭尽全力，难免会发生意见分歧或者矛盾冲突，若是在整个过程中能够注意谈判的礼仪礼

节，克己复礼，便能缓和矛盾，弱化冲突，不至于上升到商业对抗损坏双方长远利益。

若是礼仪周全，令人宾至如归，谈判氛围和谐融洽，会令对方乐于与自己合作，甚至取得在某些矛盾问题方面的退让。毕竟，谁都会愿意和"张弛有礼"的企业合作，这样的企业会给人一种"万事皆可谈"的亲切感，不至于遇事便激化矛盾。注重商务谈判的礼仪不仅表现了对对方的尊重与重视，更是体现了本公司的企业文化和做事态度，在力争利益时还能注意礼仪，说明了公司成员的素质和素养，使参会人员产生由衷敬佩之情，从而建立起双方的友谊，寻求再次合作的时机，表达长期合作的意愿。由此，商务谈判间接成为公司的无形资源。

■ 案例阅读 9-1

周总理巧妙迎接美国访华团

1971年7月29日，基辛格率代表团秘密访华。周恩来总理在钓鱼台国宾馆会见他们时，微笑着握住基辛格的手，友好地说："这是中美两国高级官员20年来第一次握手。"当基辛格把自己的随行人员一一介绍给周恩来总理时，周总理说出的话是完全出乎他们意料的。周总理在握住霍尔得里奇的手说："我知道，你会讲北京话，还会讲广东话。广东话连我都讲不好，你在香港学的吧！"他握着斯迈泽的手说："我读过你在《外交季刊》上发表的关于日本的论文，希望你也写一篇关于中国的。"周恩来握着洛德的手摇晃："小伙子，好年轻，我们该是半个亲戚，我知道你的妻子是中国人，在写小说。我愿意读到她的书，欢迎她回来访问。"

周恩来总理为了清除基辛格一行的紧张心理，几句欢迎词蕴含着高超的语言技巧。他淡化其政治角色，抓住其生活、工作中的一些细节，如对语言才能、论文、家庭成员进行赞美，既感到亲切、自然，又感到大方、得体。表面上看来这是与外交使命无关的细节，却通过赞美一些琐碎之事，缩短了双方的心理距离。为下一步谈判奠定了良好的基础。

第二节　礼仪在商务谈判中的运用

一、谈判准备阶段的礼仪

（一）形象礼仪

在国际商务谈判中，给人的第一印象十分重要。第一次见面时，我们首先关注的是一个人的精神面貌、穿着打扮，谈判参与者的仪容仪表不仅代表了公司的形象，更代表了对对方公司的尊重和对此次谈判的重视程度。这要求我们在商务谈判等正式场合注意自己的服装服饰，做到穿着整齐、简洁、正式、庄重、优雅，同时还要符合自己所代表的身份、个性。

1. 女性服饰礼仪

服装适宜。一般来说，女性在参加商务谈判时，宜穿着西装套装或者套裙，但在比较炎热的夏季，女性也可以短袖衬衫搭配西裙或西裤。同时根据套装的颜色、质地来搭配好鞋袜，鞋子应为高跟或者半高跟的单色皮鞋，颜色不宜过于亮丽。穿裙装时要配上肉色或黑色的连体丝袜，切忌花丝或破损。穿裤装时，袜子的长度最好不要超过鞋子，颜色应与鞋子色调一致。内搭衬衫宜选用单色调，最好不要有图案。

长短适中。要注意服装的长短，西装外套最短可齐腰，袖长可盖住手腕即可，内搭衬衣袖口长度超过西装外套袖口1.5~2厘米为宜，裙子长度最佳长度是在膝盖以下，裤子长度不可长于鞋跟底部也不可短于脚踝。

穿着整齐。在穿着西装前一天应将西装和衬衫沿领线、袖线、裤线熨烫整理挂入衣柜，在正式穿着时衬衣、西装外套领子按领线折叠，注意衬衣领应放入西装外套领子内，衬衣下摆沿左右两条衣线折叠好全部掖入西裙或西裤中。除衬衣上端第一颗纽扣可不系外，衬衣和西装外套的其余纽扣均应整齐系扣。衣袋的盖子应翻出来盖在袋子上。裙子或裤子都应穿得端端正正，保证双手自然下垂时中指能够放于裙缝或裤缝处。

首饰简单。首饰的颜色、质地、款式应与服装协调统一，首饰的数量不宜超过三种，款式简单大方，避免佩戴过于粗糙或过于昂贵的首饰，同时注意不要佩戴有特殊含义或是会侵犯对方禁忌的饰品，一般不将具有宗教色彩的饰品佩戴在外。

妆容淡雅。女士需将头发整理好，最好扎一个简单干练的马尾，需着淡妆以示尊重，但切忌使用眼线、深色眼影等化浓妆。不可使用浓香型化妆品或者香水，也切忌在众人面前或正式场合补妆。

2. 男性服饰礼仪

服装适宜。在商务谈判中，无论东方还是西方，除少数阿拉伯国家外，男士一般都以西服作为基础服装。男士在选择用于商务谈判的西服时，应选择适合自己体型和风格的西服，在颜色上一般选择单色深色调，最好不要有图案，抑或是选择条纹等简单图案。衬衫应搭配西装选择与西装搭配的纯色，最好不要有图案，衬衫袖口长度超过西装袖口2.5~3厘米。男士的长裤必须系皮带，皮鞋最好选择薄底、漆皮、不带任何金属装饰的黑色皮鞋。

搭配原则。三色原则，即男士身上的色系不应超过3种（很接近的色彩视为同一种）；三一定律，鞋子、腰带、公文包三处保持一个颜色，黑色最佳；三大禁忌，西服左袖商标要拆掉；不能穿尼龙袜，不能穿白色袜；领带质地选择真丝和毛的；有领原则，正装必须是有领的。

无领的服装，比如T恤，运动衫一类，不能称为正装。男士正装中的领通常体现为有领衬衫；纽扣原则，绝大部分情况下，正装应当是纽扣式的服装，拉链服装通常不能称为正装。

仪容礼仪。男士不宜留长发，定期修理头发长度，不得留长胡须。在妆容方面，女士可着淡妆，但男士不宜上妆，男士只需保持面部清洁，发型整洁即可，可适当使用气味淡雅的男士香水。

饰品选择。男士西装在正式场合最好佩戴领带，领带的颜色不能花哨，而是以单色或印有斜纹的色彩为主，其中黑白、黑蓝组成的灰色领带较为正宗。通常以温莎结、单结为主要扎系方式；西装的口袋不可以乱放东西，上衣口袋可插手巾，手巾的叠放也有讲究，手巾以丝质、麻质为上乘，外露部分通常呈现三角形状；穿着西装的男士应该自备手帕一条，手帕干净、整洁，以便随身携带；穿西装时不应背包，只能用手包，正式场合西装扣一定要系上，双排扣西装系一粒上扣；袜子应选择与皮鞋、西裤色调一致的颜色，长度以过鞋口1~2厘米为佳；男士还可佩戴手表为整体形象加分。

3.其他形象礼仪

食物选择。在谈判当天，切忌使用重口味食物，如葱、蒜、姜之类的食物，或者食用后及时清理口腔，保证口腔清洁，使人在交谈中保持愉悦的心情。

行为礼仪。一个人的行为习惯也是个人素养的反映，在正式的商务谈判中更加需要注意表情管理，切忌大声说话或者大笑等夸张的表情，以亲和友好的微笑待人会增加对方对自己的好感度，也表现一个人的涵养和对对方的尊重。同时，行走坐立都切忌弯腰颔首，时刻保持端正的形象和大方的举止。商务谈判人员代表的不仅是个人形象，更是企业形象，合作方一个良好的第一印象有利于增加对方对谈判人员的认同感，是体现商务谈判专业性的一个方面，代表对谈判的重视程度，是商务谈判顺利开展的一个开端。

（二）会面礼仪

迎送礼仪。根据会面地点决定主场和客场，若会面地点选择在自己的公司，需要制订接送方案，视来客的职务安排相应职务人员去迎接，以示尊重，必要时还可安排欢迎仪式。送别礼仪，视谈判过程和谈判结果判断是否送别，送别不仅是出于对对方的尊重，更是本企业风度的展现，迎来送往，合理安排，才能让对方感到宾至如归，以愉悦的心情开启整个谈判。

握手礼仪。双方代表见面后，应由职位较低或年纪较轻者的主方首先自我介绍，由职位较高或年纪稍长者主动伸手表示握手意愿之后，职位较低或年纪较轻者应身体微微前屈，双手轻握以示尊重，若双方年龄职位相当，则无所谓欠身礼和双手礼，双方均伸右手轻握一下即可。

介绍礼仪。在握手礼之后，职位较低或年纪较轻者可双手拿住名片的两角主动递上名片，将文字方向朝向接收者，方便对方阅读，名片接收人应先仔细阅读名片信息后将名片收入名片夹中，切忌乱丢乱放，这是对对方极大的不尊重。

（三）座次礼仪

主方应事先安排好座次，将参会人员名字做成桌牌，固定位置，以便参会人员有序入座和相互认识。一般以正对会议室门的第一个位置为主位，留给最重要的领导人，而后将1号领导人安排在主领导人的左侧，2号领导人安排在主领导人的右侧，随后依次排列，这是中国的惯例，适用于国内会议，会谈双方均为中国人。国际惯例则是右高左低，即将1号领导人安排在主领导人的右侧，2号领导人安排在主领导人的左侧，适用于有外籍人员参与的国际会议。座次的安排虽是一个小细节，但却能体现主办方的做事要求和对会议的重视程度，同时也可避免职位悬殊的人邻座的尴尬，增强沟通效率。

（四）电话礼仪

无论接听还是拨打电话，第一句话都是您好，然后报上自己的名字，让对方知道接听的对象是谁，也体现了对对方的尊重。同时，电话中要让对方感到亲切和礼貌，这样有助于对话的顺利展开，也能给对方留下一个良好的印象。打电话的过程中要保持良好的心情，不能带入个人情绪，也不能吸烟、喝茶、吃东西。不好的心情和懒散的姿态对方也能够听得出来，因此打电话时，即使对方看不见，也要尽可能地注意自己的姿态。在沟通过程中，思路要清晰，回答尽量简洁，不要吞吞吐吐，也不要故意绕弯子，遇到不清楚或不能确定的事，要及时记录下来，弄明确了再给对方答复。最后，挂电话前为了避免遗漏或错误，可重复一下重要事项，然后确认无误后，向对方表达谢意，然后礼貌地结束通话。

二、谈判过程中的礼仪

（一）尊重文化差异

中国作为一个有着五千年历史的文明古国，以56个民族共同发展、各美其美为原则，一直致力于保存各民族的文化特色。整个中华民族内部文化是丰富多彩的，方言、民俗等各有不同。这要求我们在谈判过程中注意各民族文化差异，在正式场合需使用普通话交流，并且在对话交流中不得对少数民族有歧视、诋毁等语言，同时尊重个人宗教信仰，尽量避免谈及民族、民俗、宗教等敏感话题，这样的国民内部差异不仅需要言语上的尊重、行动上的尊重，更需要从内心发出的尊重。在谈判前大致了解对方的文化民族背景，在谈判中注意语言措辞，在宴请时注意饮食习惯，不仅是细心周到的个人素质的体现，也表示了企业对谈判的重视程度，代表了企业形象。

在国际商务谈判中，由于语境高低的差异导致各国语言行为习惯的差异同样需要引起谈判双方的重视，同一句话在不同国家表达的含义不尽相同，不了解对方的文化背景可能导致谈判过程中的认知差异，甚至引起矛盾或冲突，导致商务谈判难以进行。中国是东方典型的高语境国家，说话多以文化背景和环境为基础，一般较为委婉，追求面面俱到。美国是西方典型的低语境国家，说话直接，追求高效率。在谈判过程中，需要站在对方的角度，理解对方言语的含义，才能做到有效沟通。另外，各国的时间观念、风俗习惯、文化传统、宗教信仰等均有不同方面的差异，需以了解背景为前提、尊重文化为基础、回避差异为原则进行商务谈判，文化差异过大时，尽量采用国际惯例避免文化冲突。

（二）高效沟通机制

认真听取对方的意见或建议，以语言背景为基础准确理解对方的意思，找到关键的信息进行加工处理，以便迅速查找资料寻找应对方法，及时高效地解决问题。在对方发言时认真记下存在的问题，但切忌中途打断对方的发言，任何问题都应在对方发言结束后提出。

等待对方发言完毕后，针对该发言的问题和意见都要及时询问，最好罗列出问题，有逻辑、有条理地进行询问。问的问题需要经过思考且问题要切中要点，切忌漫无边际地随意询问，浪费宝贵的谈判时间。

在回答对方提出的问题时，需要思考片刻之后有条理地回答，切忌快问快答，脱口而出不仅可能解决不了问题，还有可能让对方抓住某些关键信息从而攻其要害，使我方失势，让对方抢占谈判主动权。

（三）理性解决分歧

商务谈判的实质也就是为了解决合作中的一些问题障碍，排除困难达成协议，合作共赢。在双方都为了维护自己利益的过程中，难免出现分歧或者争端，这是最难保证礼仪礼节的时刻，也是最需要保持礼仪礼节的时刻，要充分展现公司有礼有节的风度，表明整个公司由内而外的修养和气度，而不是为了"蝇头小利"争得面红耳赤的市井作风。自己的礼貌不仅能让对方冷静理性思考，更容易让对方因为自己的不理智言语而羞愧，从而做出相应的让步。

具体而言，在解决意见分歧时，需要以理性自然的方式去化解矛盾，切勿演化为冲突或者人身攻击。意见不合时，切忌用升高语调、加快语速的方式去激化矛盾，若发现对方用此方式，则此时自己则应冷静下来，以微笑的态度和平静的语气去缓解紧张气氛，若是对方态度持续强烈，则可待对方表述完毕后，自己沉默片刻，给对方冷静的间隙，然后再提醒对方保持冷静的状态继续进行谈判。若意见分歧一时无法得到解决，则需要将该问题置后再议，避免陷入谈判僵局，此时可利用语言技巧巧妙地避开此话题，或者用一点稍显幽默的语言来缓解气氛，但注意幽默需掌握分寸、适可而止。

三、谈判结束后的礼仪

（一）签约礼仪

1. 确定人员

确定签约人员与参会人员。协议签署人员应由缔约各方确定，签字人员的身份应大致相当，以表示对对方的尊重以及保证协议的效力。一般来说，参与商务谈判的各方均应参加签约仪式，且保证各方参与人员大致相同，若有人缺席应事先得到对方的应允。

确定相关工作人员。应由主方确定好签约相关的工作人员，如主持人、翻译、记者、助签人员、礼仪小组等，具体需要哪些人应视签约规模、协议性质、签约各方国籍来定，主方在确定相关工作人员时应挑选具有相关工作经验的人员，同时务必对工作人员进行培训，让工作人员在签约前就熟悉整个签约流程，确保签约的顺利进行。

2. 准备工作

主方应准备好签字文本以及相关文本条款的翻译、校对、印刷、装订、盖火漆印等工作，还需备好签约时使用的文具，若是涉外谈判，还需准备好签约各方的国旗等。

关于签约会场的布置，由于各国的礼仪规则有所不同，此时主方应按照对方国家的礼仪来布置会场，若涉及多国，则按照主方的礼仪规则布置签约会场。在我国，一般在会议室放置一张中空型的长方形桌子，中空处一般摆放绿色植物或签约各方国旗，绿色植物或国旗应高于桌面10~20厘米，切忌高过签约各方人员坐下的高度。桌面铺上绿色呢布，呢布长度刚好遮住桌腿，椅子摆放在桌子外围，一般只摆放在方桌较长的两侧，较窄两侧不摆放椅子。主位所在较窄一侧的正中间摆放签约文本，在文本右侧大约2厘米处摆放签字笔。在礼仪引导相关人员入场后签约仪式正式开始。

3. 签约程序

谈判结束后，由主持人宣布签约仪式正式开始，双方参会人员按桌牌座次就座，在主持人介绍完与会来宾之后，由双方代表开始签约，在签字之前，双方应各自最后核对协议内容，如有疑问应立即提出，协议一旦签署便具有法律效应，所以一定要核对无误之后再签字。双方各自先签署由自己保留的那份协议，并签于助签人员或主持人指定位置的首位，然后由助签人员或主持人交换双方协议，双方在由对方保存的协议上签字，此时便将自己的名字签在第二位，签字完毕后，双方合上协议并换回协议。主持人宣布签约完成，双方签约代表起身握手，参会人员起身鼓掌庆贺。最后，由主持人带领参会人员进行合影留念或者进行开香槟庆祝仪式。

（二）宴请礼仪

1. 宴请方式

宴请方式主要根据对方的身份、饮食习惯决定。一般来说，我国正式的宴请方式分为西餐和中餐两种，在进行宴请前，主方应根据对方的喜好来确定宴请方式。中餐一般选择圆桌用餐，相应的座次安排如图

9-1所示，若选择中餐宴请，由于中国人的可食种类范围较广，主方还应了解对方的饮食偏好和饮食禁忌。

在实际生活中，很多西方人都不会使用中国的筷子，所以在国际商务谈判中宴请一般采用西餐，西餐一般是采用方桌，方桌的座次安排如图9-2所示。另外，宴请的时间选择在双方都有时间的工作日，切勿选择休息日或者节假日。

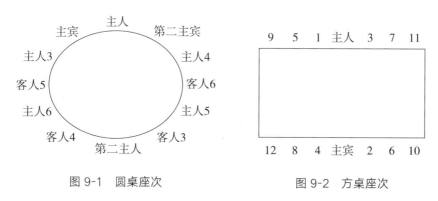

图 9-1　圆桌座次　　　　　　图 9-2　方桌座次

2. 宴会过程

在正式宴请当天，主方应提前15~30分钟到达餐厅安排相关迎送。受邀方应准时到达宴会地点，迟到、早退、留席时间过短均会视为失礼或刻意冷落主人。在抵达宴会地点时，应先去衣帽间脱下大衣帽子等外物，再走入宴会厅与前来迎接的人员问好，在落座前按照领导层级或长幼顺序依次问好。提前准备好名片，在被介绍给其他人时，双手将自己的名片递上。在收到名片时，要认真阅读后放入名片夹，不可随手放桌上或别处。进餐前可轻松自由地与人交谈，聊天范围可以适当宽广一些，但注意交谈的内容不可涉及商业秘密和工作内容，一是因为宴会中人多嘴杂，不是交谈工作的好地方，二是因为容易引起对方的误解，认为此次宴会别有用心。

正式用餐时，应注意举止文明。中餐的上菜顺序是：凉菜、热菜、甜品、水果。具体来说，中餐的用餐礼仪如下：用餐前服务员递上的第一条毛巾仅做擦手使用，不可擦脸或擦头。在用餐过程中，动作尽量小一点，避免打扰到身边的人，夹菜时只夹自己面前的菜品，应快速夹回盘子表面的菜，避免在菜里面挑拣。注意当嘴里含有食物时，不可张嘴说话，喝汤时不能发出声音。若需布菜，应由主方用公筷替客方夹入盘中，若遇到自己不能吃或者不喜欢吃的菜肴，不要拒绝或者做出嫌弃的表情，应礼貌地对别人表示感谢。若是在用餐过程中需要接打电话、处理紧急事务等，需要自己悄悄暂时退出宴会尽快处理完相关事务后返回宴会。祝酒一般由主方向客方主宾发出邀请，两人碰杯时其他人应停止用餐，待两人祝酒结束后，若主方邀请在座人员一起举杯，大家可共同举杯示意或者轻碰杯壁，避免交叉碰杯的情况。应注意在宴会的过程中不要劝酒，而应在考虑对方身体的前提下，提醒对方适度即可，在适度的范围内饮酒，避免意外事件的发生。

西餐的用餐礼仪与中餐大致相同。西餐的上菜顺序是：头盘、汤、副菜、主菜、甜品、咖啡。与中餐不同的是，在用餐时忌讳频繁地向对方敬酒，打扰对方用餐，只需主方在宴会开始前举杯感谢客方的光临即可。吃面包时，不能使用刀叉，而是用手掰成小块直接食用即可。喝咖啡时，服务员呈上的咖啡杯里带有小勺，小勺的功能是搅拌咖啡，而不是用来喝咖啡的工具，喝咖啡时应将小勺从杯中取出靠放在垫碟上，然后右手持咖啡杯耳慢慢品尝，注意端起碟子或托住杯底喝咖啡，都是失礼行为。

3. 宴会结束

若在宴会过程中因有紧急事件需提前离开，则需向主方说明缘由之后，表达歉意悄悄离开，或是在宴会前就事先向主方说明情况，届时中途自然离席。

待客方用餐结束后，主方主动询问是否还需要其他菜品或服务，若对方表示没有，则应待主方与主宾退席后，其他人陆续有序退席。客方应赞美主方的此次宴请安排、菜肴美味等，并对主方此次邀约表示感谢。宴会正式结束，主方应将客方送至宴会门口，若客方无交通工具，主方还应主动安排车辆接送客方人员。

（三）礼品赠送礼仪

1. 礼品的选择

礼品的选择，应符合对方身份地位和文化习俗，礼物最好与本公司有关或与谈判主题相关（可加印或者粘贴公司LOGO），并且不宜太过贵重，过于贵重的礼物难免有贿赂、馈赠之嫌。同时，确定好赠送的数量和范围，中国人习惯赠送双数，日本人则习惯赠送奇数，此时我们需要站在接收者的角度去选择数量，赠送范围的选择可根据职位高低确定，或者制定几个职位层次赠送不同的礼物，一般是由在场最高职位者代表主方公司赠送对方公司，由对方公司最高职位者代表接收。

2. 礼品的包装

礼品的包装，在选择好礼品之后，要选择合适的礼品盒或者包装袋，注意区别于朋友间礼品的赠送包装，商务场合礼品的包装不宜使用艳丽的颜色或俏皮的图案，最好使用庄重的颜色，如使用蓝色或者灰色等颜色，图案使用条纹等严谨庄重一点的图案。

3. 礼品赠送时间

礼品赠送时间，一般选择在谈判结束后或者签约仪式后。若是有正式晚宴，也可在晚宴开始前或晚宴结束后插入礼品赠送环节。选择合适的时间赠送礼品才能达到增加谈判成功率的效果，不恰当的时机和礼品都只会引起对方的不适，令对方感到尴尬。

4. 礼品收受方式

礼品收受方式，由主方最高职位者主动将礼物双手或右手赠送给对方公司代表，接收者也应用双手或右手接收，接收后握手表示感谢。应注意的是，东方人一般在接收礼物后不当面打开，而是将其收存表示礼貌，而西方人一般当面拆礼物表示友好，具体需根据环境和对象选择接收方式。

■ 案例阅读 9-2

"随便"接待导致的后果

2011年，两位美国客户到中山欧曼科技照明有限公司参观工厂和展厅。因为这两位美国客户是大客户，所以副总经理和外贸部经理、主管，还有一位业务员，一共4人，出来迎接他们。那两位美国客户刚到公司的时候是午饭时间，所以中方的副总经理就有礼貌地问了句："是中午饭时间了，请问你们想进午餐吗？"事前双方都有了解对方国家文化，中方知道美方比较直接，所以就直接问了要不要先吃午饭。而美方的回答却是："不是很饿。"其实美方客户已经很饿了，就是知道中国人的间接表达方式，所以就委婉地说"随便"。然后美国客户饿着肚子跟着充满热情的中方人员参观了工厂。参观完展厅后，到了价格谈判的阶段。美国客户直接就问如果他们的订单中方能够给多少折扣。中方外贸部经理间接地说出一堆影响价格的因素，没有直接地给出最终价格，谈判持续了大概半个小时，最后其中一位美国客户急了，就说："如果贵方不给出最低价，我们就去找其他厂家。"中方经过协商后，最终决定先与美方客户去饭店吃饭，然后再继续谈判。显然，中方失去了最好的时机。

■ 案例阅读 9-3

周到的接待是成功合作的关键

欧盟的一个白色家电巨头应中国一家知名家电制造商的邀请进行双边合作的谈判。欧洲方面派出了一名助理以及冰箱部和洗衣部的经理参加谈判。经过10个小时的飞行，欧洲客人抵达北京，然后又换乘国内航班当晚23：40飞抵家电制造商所在的广东某城市。所有的高级经理和相关部门的经理都到机场迎接，这使得欧洲客人十分感动。

为了表示对会谈的重视和热情友好，他在市中心的一家五星级酒店的28楼款待欧洲客人。中方的高级经理、部门经理和译员共12人出席。尽管有长途飞行的紧张和时差带来的不适，但是在宴请期间欧洲客人频频地接受中方的敬酒。两个欧洲客人喝茅台喝醉了，以至于原计划在第二天进行的谈判不得不延迟到第三天。在随后的一个星期，他们的餐饮全由中方埋单，然而，欧洲代表吸取教训控制了酒量。

中方谈判阵容可以说是十分强大：董事长、两名副董事长、一名执行总裁、四名部门经理、一名高级工程师、一名律师、一位翻译员和一位秘书。中方对对方公司的背景了如指掌，对谈判代表的个人情况也很熟悉。另外，他们认真地制订了谈判计划，进行了具体的准备，五星级酒店所有的费用都由中方负担。

也许是为了展示空调良好的性能，主人将空调的温度设定在16摄氏度，使得欧洲的主谈人员得了过敏性鼻炎，不断地打喷嚏。好在主人马上意识到这个问题并调到了正常的温度。欧洲代表注意到中方合作的态度，并且所有的安排都很慷慨，因此他们适当地调整了报价。

总之，整个谈判进展得很顺利，双方就中方从欧洲工厂引进最新的技术和设备达成了一致。在谈判过程中，中方特别安排欧洲客人参观了当地的几个风景名胜。欧洲代表对中国的传统文化和中国南方的具有魅力的城市景观感到震惊。理想的投资环境、美丽的自然和文化环境使得欧洲客人非常满意，所有这些都促进了谈判的成功。

第十章

世界主要国家的谈判风格

本章学习目标

1. 了解并熟悉不同国家的国际商务谈判风格及礼仪禁忌

2. 在国际商务谈判实践中更好地理解和运用相关知识

案例导入>> 某美国公司向石家庄出口了一套电视机生产设备,经过安装后调试的结果一直不理想,一晃时间到了圣诞节,美国专家都要回家过新年。于是,生产设备均要停下来,玻璃的熔炉也要保温维护。美方人员认为过节是法定的,中方认为生产停顿是有代价的,两者无法调和。美方专家走后,中方专家自己研究技术问题,经过一周的日夜奋战将问题最大的成型机调试好了,可以生产出合格品了。当美方人员过完节回到中方工厂,当中方告诉美方已调试好设备后,美方人员转而大怒,认为"中方人员不应该动设备,应该对此负责任。"并对中方对外签约的外贸公司提出严正交涉:"以后对工厂的生产设备将不承担责任,若影响其回收贷款,还要索赔。"

此案例中,由于中美双方没有避免双方在思维习惯、工作安排上的差异,导致了双方都认为对方是错误的情况,从而影响了双方的合作。因此,在商务谈判中,了解和掌握不同国家的谈判风格至关重要。所谓谈判风格,主要是指谈判过程中谈判人员所表现出来的言谈举止、处事方式以及习惯和爱好等特点。由于文化背景不同,不同国家、不同地区的商务谈判者具有不同的谈判风格。通过本章的学习,应当了解并熟悉各大洲主要国家的国际商务谈判风格及礼仪禁忌,在实践中更好地理解和运用。

第一节　美国人的谈判风格

从总体上讲,美国人的性格是外向、随意的。有些研究美国问题的专家,将美国人的特点归纳为:外露、坦率、诚挚、豪爽、热情、自信。但美国不同地区的谈判风格也有所不同,要分别对待。对美国人谈判时应注意的礼仪和禁忌要有所了解。

1. 自信心强，自我感觉良好

美国是世界上经济技术最发达的国家之一，国民经济实力也最为雄厚，这使美国人对自己的国家深感自豪，对自己的民族具有强烈的自尊感与荣誉感。这种心理在他们的贸易活动中充分表现出来，他们在谈判中，自信心和自尊感都比较强，加之他们所信奉的自我奋斗的信条，常使与他们打交道的外国谈判者感到美国人有自我优越感。需要注意的是与他们谈判时，不宜低估自己的能力，缺乏自信是没必要的，也会令对方瞧不起。

2. 注重时间效率

美国人重视效率，速战速决。如果谈判一旦突破其最后期限，谈判很可能会破裂。除非特殊需要，同美国人的谈判时间不宜过长。与美国人谈判时，表达的意见要直接，"是"与"否"必须清楚。如果美国的谈判人员提出的条款意见是无法接受的，就必须明确告诉他们无法接受，不能含糊其词，使他们抱有希望。同时，美国谈判人员希望对手态度诚恳，即使双方争论得面红耳赤，他们也不会介意。美国人喜欢全线推进式的谈判风格，在谈判某个项目时，不是孤立地谈及生产或者销售，而是将该项目从设计、开发、生产、销售到价格等一起商谈，最终达成全盘方案。

3. 热情坦率，性格外向

与美国人在一起不必太过客套。他们大多数性格开朗，直接热情，美国商人即使昨天还是未见过的陌生人，今天一见面就会表现得仿佛是交往多年的老朋友一样热情地直呼其名，甚至当天就可以做成一笔大买卖。美国商人见面与离别时，都会面带微笑地与在场的人们握手。美国人喜欢谈论商业、旅行方面的内容及当今的潮流和世界大事，喜欢谈论政治，不喜欢听到他人对美国的批评，因此对他们多听少讲。在美国多数人随身带名片，但是他们的名片通常是在认为有必要以后再联系时才交换，因此美国人在接受别人的名片时往往并不回赠。

4. 法律观念强，注重合同

美国也是一个高度法治的国家，法律观念在商业交易中也表现得十分明显。美国人认为，保证自己的利益，最公正、最好的解决办法就是依靠法律，律师在谈判中扮演着重要的角色。美国人习惯按合同的条款逐项讨论直至各项谈判完全谈妥。也正因如此，他们特别看重合同，十分认真地讨论合同条款，而且特别重视合同违约的条款，同时也关心合同运用的法律，以便在执行合同中能顺利地解决各种问题。美国人重合同、重法律，还表现在他们认为商业合同就是商业合同，私交再好，哪怕是父子关系，在经济利益上也是绝对分明的。因此，美国人对中国人的传统观念——既然是老朋友，就可以理所当然地要对方提供比别人优惠的待遇，出让更大的利益表示难以理解。美国人既重视商品质量又重视商品包装等细节问题。同他们谈判签约时，必须绝对注意合同措辞的严谨，不让他们有机可乘，否则在市场发生变化时，他们可能会在合同中千方百计找到纰漏甚至毁约。

5. 美国不同地区商人性格和习惯存在差异

与东部人的精明苛刻不同，美国西部地区的人则比较保守，同时，比较和蔼和朴素，易于交往。如果在准备和他们做生意之前就常以朋友的身份款待他们，日后和他们进行商业谈判时，会收到很好的效果。秉承先交朋友，后做生意的原则。中部地区有个商业习惯，每年九月至十月是他们的黄金采购时间，他们往往把一年所需的货物集中在这个时期采购。美国南部地区的人待人比较殷勤，和蔼可亲，直爽无欺。如果在谈判桌上他们气势汹汹，言辞激烈，怨声不断，千万不要生气，耐心解释，当你解释完，他们很容易再次坐下来和你笑脸相谈。美国南方人性格较保守的特点决定了他们的谈判节奏比较慢，需要较长时间才能建立良好的商业关系。

6. 一些礼仪与禁忌

一般性的款待一般是在饭店举行，小费通常不包括在账单里，一般是15%。进餐时，宾主可以谈论生意。关于食品的选择，他们会选择大量的水果，同时，牛肉、猪肉和鸡肉也是大众化的肉食。美国人在周六周末休息，此外，法定节假日有元旦，退伍军人节、感恩节、哥伦布节等也都是他们放松的时间，不宜在此期间找美国商人洽谈。美国人最忌讳的是"13"和"星期五"，忌讳谈论有关私人性质的问题，如年龄、性格、个人收入等。

■ **案例阅读 10-1**

美国广播公司租用日方卫星转播系统谈判

1975年美国总统福特访问日本时，由美国哥伦比亚广播公司现场直播，而当时日本只有广播协会NHK拥有卫星转播系统，所以，哥伦比亚广播公司就必须与日本广播协会谈判关于转播福特在日活动租用日本广播协会器材、工作人员、保密系统及电传问题的合作事宜。

在福特总统预定出访的前两周，CBS从纽约派遣了一个小组到日本谈判，其负责人是一位年轻的高级官员。这位美国人大模大样，以直言不讳的态度向比他年长许多的NHK主管提出种种不合理的要求，其中包括超出实际需要近两倍的人员、车辆及通信设备等。

日本人非常恼火，这哪里是请别人帮忙，分明是来讨债的。但日本人并不公开指责美国人，只是在敷衍了事。第一轮谈判结束时，双方未达成任何协议。这使得一向以播送新闻迅速、全面而著称的CBS陷入困境。无奈两天以后，CBS一位要员飞抵东京，他首先以个人的名义就本公司年轻职员的冒犯行为向NHK方面表示道歉，一再诚恳地请求NHK协助转播访问事宜，询问日本方面能提供哪些帮助。NHK方面转变了态度并表示支持，双方迅速达成了协议。事情有了圆满的结局。当CBS的年轻谈判员得知自己的行为方式无助于解决问题时，十分惊讶，并向日方赔礼道歉。

　　美国的年轻谈判员直言不讳地表述自己的意见，正反映了美国人坦诚外露的思维方式。美国人的思维，由于向人敞开的外部思维空间较大，所以和美国人很好打交道。但美国人不会向你随便吐露内心秘密，这就是美国人所谓的"个性"。这种开放的带有"个性"化的思维方式与美国的文化背景密切相关。

　　日本人的谈判思维具有典型的东方特色，这与古老的儒家思想的影响不无关系。日本人认为直接的表露是粗鲁的、无礼的。所以，日本人说话总是拐弯抹角、含糊其词。美国的年轻谈判员在与日本NHK最初的接触中根本不了解日本人在想些什么，所以谈判失败。日本人谈判时，其决策人物往往不抛头露面，其谈判人员个个满面和善、彬彬有礼且话语不多，对手根本窥探不到他们的内部思维空间，在做出决策前，有关谈判人员再一起协商，形成整体性的内部思维空间，统一决策。

　　美国人在谈判中，往往决策者亲自出马，谈判人员个个竞相发言，思维外向开放。美国人在谈判过程中可以迅速做出决策而无须回去商量。美国的推销员们常常代表公司做出决策。

第二节　欧洲人的谈判风格

一、英国

　　英国商人非常注重礼仪，具有绅士风度。但英国人一般比较保守，一般初次接触时，很少主动与对方拉近距离。同时他们也很关注对方的修养和风度，如果你能在谈判中显示出很好的教养和风度，就会很快赢得他们的尊重，为谈判成功打下一个良好的基础。谈判条件确定后他们不愿改动，喜欢钻研理论并注重逻辑性，喜欢逻辑推理表达自己的想法，他们听取意见时十分随和，处理复杂问题时比较冷静，不喜欢夸夸其谈。但是如果出现分歧，他们往往固执己见，不肯轻易让步。平时生活中，英国人也不喜欢砍价，认为砍价是一件丢面子的事情。

同时，英国人办事容易拖拉，很多事情都要提前预约，因此和英国人打交道需要有耐心。但是，一旦开始谈判，英国人会准备得较为充分，也希望对方经过充分准备，这样可以减少谈判次数，尽量做到一次有效。对于迟到、爽约的事情，英国人会比较反感，事态严重时会影响到谈判结果。在商务活动中，英国商人招待客人的时间往往比较长，受到英国商人款待时一定要表示感谢，否则会被视为不懂礼貌。在人际交往中，英国人做生意很讲信用，一旦达成合作，履行协议都会比较规矩，并且基本会保持长久的合作关系。

在和英国人交谈时，话题尽量不要涉及政治色彩较浓的问题，比较安全的话题是天气、旅游和体育等。英国人比较享受舒适的生活，每年冬春两季有3~4周的假期，他们利用这段时间出国旅游。因此，他们较少在4月初复活节和圣诞节至元旦期间做生意。见面告别时要和男士握手，与女士交往时要等到他们先伸出手时再握手。会谈时要事先预约，赴约要准时，英国人习惯约会一旦确定，就必须排除万难赴约。和英国人的约会不能提前太久，如果很早就约定时间，那么让他过早做决定就等于为难他。

二、德国

德国人素有"契约之民"的雅称，他们崇尚契约，严守信用，义务与责任感很强。德国人对交货期限要求很严格，一般会坚持严厉的违约惩罚性条款，外国商人要保证成功地和德国人打交道，就要严格遵守交货期限，而且还要统一严格的索赔条款。在德国，谈判时间一定不在晚上，虽然德国人工作起来废寝忘食，但他们认为晚上是家人团聚、共享天伦之乐的时间，而且他们认为你也有同样的想法。冒昧地与德国人在晚上谈论商务、对他们进行礼节性的拜访会让他们觉得很不舒服。

（一）高效严肃

德国人非常注重规则和纪律，干什么事都十分认真，商务谈判也是如此。一般德国人会在谈判前对于谈判的主题和目标进行翔实的分析和研究。在谈判中，德国人对于自己的报价都很有信心，并且常常以本国的产品作为衡量标准，对于企业的要求十分严格。德国商人谈判果断，极注重计划性和节奏紧凑，他们不喜欢漫无边际地闲谈，而是一开始就一本正经地谈正题。谈判中语气严肃，无论是对问题的陈述还是报价都非常清楚明白，谈判建议则具体而切实，以一种清晰、有序和权威的方式加以表述。

（二）缺乏灵活性

德国人是典型的缺乏灵活性，凡是有明文规定的都会自觉遵守，凡是明确禁止的，德国人决不去碰它。因此，在谈判中，德国人十分固执和自信，认真研究合同中的每一个细节，遇到分歧比较难让步。但是合同一旦确立，德国人会严格按照合同条款，一丝不苟地去履行，同样对于对方的履行合约的要求也很严格。

（三）礼仪与禁忌

与德国人预约要事先约定，务必准时到场。德国人的谈判是很严肃的，因此不要和他们称兄道弟，最好称呼"先生""女士"或"小姐"。他们极其重视自己的头衔，当第一次和他们握手，一次次称呼其头衔时他们格外高兴。穿戴也勿轻松随便，有可能的话在所有场合都穿西装。去私人住宅用晚餐或聚会时，应随带小礼物。大部分人选择鲜花、红酒、巧克力或者一本书作为礼物，尽量事先用包装纸包装。一般主人收到了都会打开包装，表示感谢。德国人与人交往之初，常常显得拘谨含蓄，他们需要时间熟悉对方，德国人讲究节俭，反对浪费，因此参加宴请和聚会不必太注重排场。

三、法国

法国人有很强的国家意识、强烈的民族意识和文化自豪感。他们性格开朗、眼界开阔。对事物比较敏感，为人友善、处事时而固执、时而随和。法国人大多数性格开朗、十分健谈，他们喜欢在谈判中谈一些新闻趣事，以创造一种轻松的气氛，他们除了在最后决定拍板阶段可以一本正经地谈生意之外，其他时间可以谈艺术、建筑、美食等方面的话题来活跃谈判气氛。在主要条款谈成之后，法国人便急于求成，要求签订合同，而后又常常在细节方面改变主意，要求修改合同。有些交易遇到进出口许可证的问题，往往需要政府出面才能解决问题。在法国中小企业中，也有许多法国人是不熟悉国际贸易业务的，与他们做生意是应把每个细节都商定清楚。

（一）注重个人之间的友谊

法国人非常珍惜交易过程中的人际关系，有人说，在法国"人际关系是用信赖的链条牢牢地互相联结的"。这种性格也影响到商业上的交往，一般来说，在尚未互相成为朋友之前，法国人是不会与你做大笔生意的。因此，你如果和法国人洽谈生意，就必须和法国人建立友好关系，这需要做出长时间的努力。在社会交往中，法国人比较顾全对方的面子。

（二）时间观念不强，注重隐私

法国人的时间观念不强，他们在商业往来或社交活动中经常迟到或单方面改变时间，而且总是找一大堆理由。如果有求于他们，千万别迟到。法国人在谈判中讲究幽默和谐，但他们一般不愿提及个人和家庭问题，与他们谈判时尽量避免此类话题。

（三）注重假期和美食

法国在8月都会放假，很多法国人都度假去了，任何劝诱都难以让他们放弃或推迟假期去做生意，甚至是在7月底或9月初，他们的心思还放在度假和休息上，所以千万注意尽量避免在这一段时间和法国人做生意。此外，法国人十分热爱美食和葡萄酒，对于生活的品质要求较高，同时他们十分重视商品的美感，要求包装精美。

（四）礼仪和禁忌

商务谈判一般是在酒店举行，只有关系十分密切的朋友才邀请到家中做客。在餐桌上除非东道主提及，一般避免讨论业务。法国商人讲究饮食礼节，就餐时保持双手(不是双肘)放在桌上，一定要赞赏精美的烹饪。法国饭店往往价格昂贵，要避免选择菜单上最昂贵的菜肴，商业午餐一般有几十道菜，一定要避免饮食过量。吸烟要征得许可，避免在公共场合吸烟。等到主要谈判结束后设宴时，双方代表团负责人通常相互敬酒，共祝双方保持良好的合作关系。受到款待后，应次日打电话或写便条表示感谢。

四、意大利和西班牙

意大利人的时间意识比较淡薄，他们常常不遵守约会时间，有时候他们甚至不打招呼就不去赴约，或单方面地推迟会期。他们的工作时间有点松松垮垮，不讲究效率。但他们做生意是绝对不会马虎的。意大利人善于社交，但情绪多变，做手势时情绪激动，表情富于变化。他们和外商做交易的热情不高，更愿意和国内的企业打交道。在意大利从事商务活动，要充分考虑其政治因素，了解其政治和家族背景，同时意大利人追求时尚，穿着讲究，注重外表，因此和意大利人谈判的时候，应格外注意服装礼仪。

西班牙人略显傲慢，一般不肯承认自己的错误。他们即使按照合同遭受了一点损失也不愿意承认他们在签订合同时犯了错，更不会主动要求对合同进行修改，如果对方考虑到他们在合同中遭受的损失，而帮助他们下台阶的话，就会赢得他们的信任和友谊，为以后和他们更好地合作奠定了坚实的基础。西班牙人认为直截了当地拒绝别人是非常无礼的，因此很少说"不"字。西班牙商人讲究个人信誉，签订合同后一般都会认真地履行。但也不排除其中有一些掮客，且不乏资金雄厚者，这些掮客的目的主要是赚钱，一旦出现波动，市场情况不利时，他们会一走了之。西班牙商人和外商谈判时态度极认真，谈判人员也一般具有决定权。他们不愿意看到穿戴不整或过于随便的人坐到谈判桌前。西班牙商人通常在晚餐上谈生意或庆祝生意成功。他们的晚餐一般是从晚上九点开始，一直进行到午夜才结束。西班牙人认为大丽花和菊花与死亡有关，送礼时千万不可以送这两种花。要避免和他们谈论宗教家庭和工作等问题，不要说有关于牛的坏话。

五、俄罗斯

（一）缺乏信誉和灵活性

俄罗斯商人虽然待人礼貌，但信誉度普遍不高。谈判中，俄罗斯人一般求胜心强，喜欢谈大金额合同，对交易条件要求苛刻，缺乏灵活性。俄罗斯人办事断断续续，效率较低，他们不会让自己的工作节奏适应外商的时间安排。除非外商提供的商品正是他们迫切想要的，否则他们的办事人员一般不会及时向上级呈递一份有关谈判的详细报告。在谈判过程中，如果外商向他们打电话或打电话征求意见，他们通常都不会立即回答。与俄罗斯人谈判时，切忌浮躁，要有耐心。

（二）喜欢讨价还价

俄罗斯商人喜欢砍价，会千方百计地迫使对方降价，无论对方的报价多么低，他们都不会接受对方的报价。他们会以日后源源不断的订单来引诱对方降价，一旦对方降低了价格，他们会永远将价格压在最低水平上。另外，他们会故意告诉对手："你们的报价实在是太高了，你们的竞争者们的价格都相当低，如果跟他们做生意，现在就可以达成协议了。"要不他们就使出"虚张声势"的强硬招数，比如大声喊叫"太不公平了"！或敲桌子以示不满，甚至拂袖而去。这时应坚持自己的报价，不为之所动，因为俄罗斯商人喜欢用离开谈判来试探对方的底线。同时，针对俄罗斯商人的报价应该有适当的溢价，为以后洽谈降价留下后路，迎合俄罗斯人的心理。

（三）交往禁忌

与俄罗斯人交易还应注意：（1）谨慎考虑风险，保护自己。（2）要注意利益均衡，讲求礼仪。传统上俄罗斯人有四大爱好：喝酒、吸烟、跳舞和运功。他们从不将手插到衣袖或是口袋里，即使热天也不会脱掉外套。如果对方仪表不俗，他们会很欣赏。禁忌：俄罗斯人忌讳黄色礼品和手套，忌讳左手握手和传递东西。在公共场合不能抠鼻子、伸懒腰、大声咳嗽。初次见面不要过问他们的生活细节，尤其是忌讳问女人的年龄。

■ 案例阅读 10-2

中法铝电解电容器用铝箔生产线谈判

中国某公司赴法国巴黎与法国 P 公司谈判铝电解电容器用铝箔生产线的技术与商务条件，由于工程进度要求，此行希望能够在过去双方技术交流的基础上完成最终签署合同的谈判。为此，中方带领强大的团队去法国谈判，但由于价格问题谈判难以达成，遂提前回国。

中方回国一个月后，法方律师来电，说 P 公司总经理回国后即与其交换了意见，他表示歉意，但同时表示重视与中方的交易，若中方邀请，他们可组团来华谈判。双方很快办妥了相关手续。P 公司的谈判组几乎是巴黎谈判时的原班人马，只是多了总经理的夫人。这次谈判仍分两组进行，一组谈判价格，一组陪总经理夫人去游玩。由于这是上次谈判的继续，双方均同意先谈关键分歧点。虽然在巴黎时双方差距有50%，但这次谈判双方真正体现了互相配合求公正的态度。P公司承担了22%的差距，加上在巴黎谈判时改善的5%，总量达27%；中方承担了28%的差距，退让似乎比法方大，但总体差不多。双方人员迅速整理交易内容及合同文本，中方组织人员打印合同。在签字仪式后的庆祝宴会上（这次是法方出钱宴请中方），中心人物是P公司总经理的夫人，她替其丈夫招呼中方客人。中方人员一方面向总经理敬酒，另一方面赞扬其夫人："她一出马，谈判就成功。"

第三节　日本与韩国人的谈判风格

一、日本

日本人的文化受中国文化影响很深，儒家思想文化、道德意识已经深深积淀于日本人的内心深处，并在行为方式中处处体现出来。了解日本商人的性格特点能够使谈判形势更有利、谈判更加顺利。日本商人具备如下几个特点：一是日本是一个礼仪之邦，必要的礼仪和谦恭几乎是日本人每天必修的功课；二是日本仍然存在着较强的等级意识，在工作中体现的也很明显；三是日本人都十分重视面子，自尊心很强；四是在日本商人看来，做生意不存在什么协议，很多生意都是靠彼此间的信任和善意来进行的；五是日本商人十分重视情感；六是日本商人非常重视产品的质量；七是日本商人对每个人善意的表示或每个好处都会深表谢意。

日本人在同外商进行初次商务交谈时，他们更倾向于选择那些经熟人介绍来的，因此初访日商时，最好事先托朋友、本国使馆人员或其他熟人介绍。重视发展人际关系，是日本商人在谈判中屡获成功的重要保证。开门见山地直接进入商务问题谈判往往会欲速则不达。与日本人进行第一次洽谈，首先应进行拜访，本公司地位较高的负责人拜访对方地位同等的负责人，以引起对方的重视。拜访中一般不要谈重要的事项，也不要涉及具体的实质问题，可以通过一番寒暄，谈谈日本的各方面，以迂回的方式赞美对方；或是谈中国的历史、哲学，特别是儒家文化。谈判过程中常常会遇到这种情形：碰到日方谈判事先没有准备过或内部没有协商的问题，他们很少当场表态，拍板定论，通常要等到与同事们都协商后才表态。集体观念是日本人颇为重视的，他们并不欣赏个人主义和自我为中心，往往率团前去谈判，同时也希望对方也率团参加，并且双方人数大致相等。

日本谈判团里等级意识很严重，一般都是谈判成员奋力争取、讨价还价，最后由重要人物出面稍作让步，达到谈判目的。正式谈判一般不宜让年轻女性参加，否则他们会表示怀疑，甚至流露出不满。与日方谈判时，派出场的人员最好是官阶、地位都比对方高一级，这样的话对谈判条件、人际相处等方面都有利于谈判的进行。日本人待人接物非常讲究礼仪。他们认为礼物不在贵，但要有特色，有纪念意义，并对地位不同的人所送的礼物的档次要有区别，以示尊卑有序，日本人重视交换名片，一般不管在座的有多少人，他们都要一一交换。与日本人交换名片时，要向谈判班子的每位成员递送名片，不能遗漏。传递名片时，一般由职位高的、年长者先出示。接到名片时，切忌匆忙塞进口袋里，最好把名片拿在手里，仔细反复确认姓名，公司名称、地址、电话以示尊重。

日本人最忌讳在谈判过程中随意增加人数，且最忌讳代表团中有律师、会计师和其他职业顾问。一旦对日本人发出邀请，一定要耐心等待，急躁和没耐心在日本人看来是懦弱的表现。不要当面和公开批评日本人，如果他们在同事和对方面前丢了脸，他们会感到羞辱和不安，谈判也会因此而结束。如果希望他们做出某方面的让步，可以通过某个中间媒介或你的中间人私下向日方传达你的希望。日本人非常讲面子，他们不愿意对任何事情说"不"字。在和日本人谈判时语气尽量平和委婉，切忌妄下最后通牒。

■ **案例阅读 10-3**

日本人的最后期限策略

在谈判中，日本人最善于运用最后期限策略。德国某大公司应日方邀请去日本进行为期四天的访问，以草签协议的形式洽谈一笔生意，双方都很重视。德方派出了由公司总裁带队，由财务、律师等部门负责人及其夫人组成的庞大代表团，代表团抵达日本时受到了热烈的欢迎。在前往宾馆的途中，日方社长夫人询问德方公司总裁夫人："这次是你们第一次光临日本吧？一定要好好旅游一番。"总裁夫人讲："我们对日本文化仰慕已久，真希望有机会领略一下东方悠久的文化、风土人情。但是，实在遗憾，我们已经订了星期五回国的返程机票。"结果，日方把星期二、星期三全部时间都用来安排德方的旅游观光，星期四开始交易洽商时，日方又搬出了堆积如山的资料，"诚心诚意"地向德方提供一切信息，尽管德方每个人都竭尽全力寻找不利于己方的条款，但尚有6%的合同条款无法仔细推敲，就已经到了签约时间。德方进退维谷，不签，高规格、大规模的代表团兴师动众来到日本，却空手而归，显然名誉扫地；签约，由于许多条款尚未仔细推敲。万般无奈，德方代表团选择后者，匆忙签订了协议。

二、韩国

韩国和日本都不同程度地受中国儒家传统文化的熏陶，因此在谈判中有他们独特的风格。比如懂得尊重别人，在谈判桌上他们一般不会像美国人那样趾高气扬，采取直接、强硬的谈判策略，而是喜欢在亲切友好的气氛中把事情做好。韩国商人逻辑性很强，做事有条理、注重技巧。有的韩国人直到谈判最后一刻还会提出"价格再降一点的要求"。在签约时韩国人喜欢用三种具有同等法律效力的文字作为合同的使用文字，即对方国家的语言、韩语和英语。韩国人很注重谈判礼仪。他们十分注意谈判地点的选择，一般喜欢有名气的酒店、饭店会晤洽谈。在进入谈判会场时，一般走在最前面的是主谈人或者是地位最高的人，往往是谈判的拍板者。韩国人重视在谈判初期创造一个良好的氛围。就座后，若请他们选择饮料，他们一般会选择对方喜欢的，以示对对方的尊重和了解，然后再寒暄几句与谈判无关的话题，如天气、旅游等，之后就开始正式谈判。

韩国人见面时稍鞠躬，交换礼物是常见的礼节，收到礼物后，不要当面打开，而且一定要回赠食品或小纪念品等。韩国人不愿说"不"字来拒绝你。在阐述时，应当冷静而有条理地叙述清楚，这样韩国人才有可能对你的建议做出有利的反应。一般有礼貌的韩国人，他会一直听你讲话而不打扰你，当他急于进入更深一层的会谈或者他忍不住要以自己的理解来阐述某个观点时，他会打断对方的话。打断话时，你不要感到不快，常常是一些好的迹象，表示其心急，心急意味着真心希望谈判成功，达成交易。不要直接表明自己对某事的不喜欢。韩国人对情感非常敏感，他们非常注意人们的反应和情感，他们也希望你与他们的情感协调起来。他们不希望说出"不"字来伤害他们的面子。他们在与你说话时，为了尊重对方，让对方先把话说完，等对方把话说完以后再表示自己的同意与否。韩国商人非常讲究策略和通情达理，和谐和协调也很重要。如果你已经回答过某个问题，而对方有人再提出这个问题也不要吃惊，因为韩国人在做出决定之前经常会反复确认以保证其正确性。

第四节　大洋洲和拉丁美洲人的谈判风格

一、澳大利亚和新西兰

澳大利亚全称为澳大利亚联邦，是一个较发达的资本主义国家。1788年至1900年，曾是英国的殖民地。1901年，殖民统治结束，成为一个独立的联邦国家。澳大利亚四面环海，领土面积761.793万平方公里，是南半球经济最发达的国家，全球第12大经济体，全球第四大农产品出口国，也是多种矿产出口量全球第一的国家，被称作"坐在矿车上的国家"。澳大利亚也是世界上放养绵羊数量和出口羊毛最多的国家，被称为"骑在羊背上的国家"。

澳大利亚人在商务谈判中很重视办事效率，他们派出的谈判人员一般都具有决定权，同时也希望对方派出的谈判代表也具有决定权。他们不愿意采用开始报价高，然后慢慢讨价还价的做法。他们采购货物时一般采用招标的方式，以最低报价成交，根本不给对方讨价还价的机会。澳大利亚人待人随和，不拘束，乐于接受款待。与他们交往，不要以为在一起喝过酒就认为生意就好做。他们在签约时很谨慎，不容易签约，一旦签约，很少发生毁约的现象，谈判人员必须给他们留下个好的印象，有利于谈判顺利进行。

新西兰（New Zealand），又译纽西兰，是一个政治体制实行君主立宪制混合英国式议会民主制的国家，现为英联邦成员国之一。同澳大利亚相似，新西兰是一个较发达的资本主义国家，并且受很深的英国文化影响。世界银行将新西兰列为世界上最方便营商的国家之一，并具有国际竞争力的工业化自由市场经济。新西兰是一个农业、自然资源以及畜牧业高度发达的国家，工业产品大部分需要进口。其商人在商务活动中重视信誉，责任心很强，具有典型的英式思维和习惯，对于国际贸易和国际商务谈判有专业的认知，并且十分善于谈判。

二、拉丁美洲

拉丁美洲包括南美洲和中美洲国家，其中巴西、阿根廷和墨西哥是拉美地区最重要的三个国家。与北美洲人相比，拉丁美洲商人更加随意和懒怠，信誉较差，且对于合约的履行程度也较差，签订完合同再修改合同内容的事情时有发生。因此，和拉美商人做生意最好把握好付款的方式，并选用国际的通用货币。同时，拉美人还很善于杀价，因此和拉美人做生意时价格要预留一定的还价空间。

（一）固执的拉美人

拉美人在谈判过程中对自己意见的正确性坚信不疑，往往要求对方全盘接受，很少主动做出让步。如果他们对别人的某种请求感到不能接受，一般也很难让他们转变。拉美国家的教育水平相对较低，他们认为交易必须找靠得住的朋友，必须与负责管理的人谈生意，确保谈判成果，降低风险。他们判定谈判对手的能力以及在公司、团体中所处的地位往往是通过对方讲话的语气和神情来判断，一旦他们认为对方是有较强的工作能力和丰富的谈判经验并且是公司或团体中的重要人物，便会肃然起敬，以后的谈判就会顺利得多。

（二）享乐至上的拉美人

拉美人的生活比较恬淡和悠闲，和他们做生意，最好先交朋友，一旦你成为他们的知已后，他们优先考虑你为做生意的对象。倘若彼此关系熟悉，私交不浅的话，如果你有事要拜托他们，他们会毫不犹豫地为你优先办理，并充分考虑你的利益和要求。拉美人工作时间较短而且松懈。早上起床晚，午饭后必须午睡，午休时间一般是从中午12点到下午3点，并且许多拉美国家的假期很多。在商务谈判中常会遇到这样的情况：一笔生意正在谈判中拉美人员突然休假，使谈判活动戛然而止。在洽谈中，常会听到他们说"明天再谈吧"或是"明天就办"，但到了明天仍然是同样的话。

（三）普遍存在的代理商制度

与拉美人做生意，至关重要的一点是寻找代理商，建立代理网络。大多数拉美国家普遍存在代理制度。如果在当地没有代理商，做生意会困难重重。如果不慎选中了一个不合格的代理商，日后想摆脱他会遇到很大的麻烦。因为大多数拉美国家的法律保护当地的代理商。禁止随便解雇他们，即使可以解雇，雇主也必须赔偿由于"任意"解雇而给代理商造成的损失。另外，拉美国家金融界不稳定，罢工时常发生，金融活动停顿，经常发生大幅度的通货膨胀。在未取得拉美国家的进口许可证之前，千万不要擅自发货，否则可能无法收回货物；即使收回也枉付了高额的运费。拉美的一些商人，常会利用外商履约后收不到货款而惊慌失措的心理，威逼利诱外商重新谈判价格，趁机压价。鉴于这种情况，在与拉美商人谈判时，可适当在交易的价格上掺点水分，以免被迫降价造成的损失。

（四）主要拉美国家人的特点

巴西人不愿意为工作牺牲过多的休闲时间，同时也注重个人之间的良好关系，他们愿意与自己喜欢的人做生意。阿根廷人比较正统，非常欧洲化，会在谈判中不厌其烦地和对方反复握手。墨西哥人更偏爱西班牙语，因此更倾向能讲流利西班牙语的客户。哥伦比亚、智利、巴拉圭人非常保守，他们穿着讲究，谈判时着装正式，他们特别喜欢彬彬有礼的客人。厄瓜多尔和秘鲁人的时间观念不强，他们大多不遵守约定的时间，但作为谈判的另一方，这一点千万不能入乡随俗，而应该遵守时间，准时出席。

■ 案例阅读 10-4

迟到的代价

巴西一家公司到美国去采购成套设备。巴西谈判小组成员因为上街购物耽误了时间。当他们到达谈判地点时，比预定时间晚了45分钟。美方代表对此极为不满，花了很长时间来指责巴西代表不遵守时间，没有信用，如果总这样下去的话，以后很多工作很难合作，浪费时间就是浪费资源、浪费金钱。对此巴西代表感到理亏，只好不停地向美方代表道歉。谈判开始以后似乎还对巴西代表来迟一事耿耿于怀，一时间弄得巴西代表手足无措，说话处处被动。无心与美方代表讨价还价，对美方提出的许多要求也没有静下心来认真考虑，匆匆忙忙就签订了合同。

第五节　阿拉伯和非洲人的谈判风格

一、阿拉伯国家

阿拉伯人的家庭观念较强、性情固执而保守，脾气也很倔强，重朋友义气，热情好客，却不轻易相信别人，他们喜欢做手势，用形体语言表达思想。阿拉伯商人多信奉伊斯兰教，禁忌较多，因此需要格外尊重他们的信仰，以免产生矛盾。对于远道而来登门拜访的外商客人，他们十分尊重，同时他们也愿意同朋友做生意。因此，与阿拉伯商人做生意，应先建立朋友关系，否则不管条件有多么成熟，他们也不会理睬。阿拉伯人的谈判节奏较慢，他们不喜欢通过电话来谈生意。如果未寻找合作伙伴前往拜访阿拉伯人，第一次可能得不到自己期望的效果，还会被他们的健谈所迷惑，甚至第二次或是第三次都谈不到实质性的话题。遇到这种情况，要耐心而谨慎。一般来说，阿拉伯人看完某项建议之后，会证实是否可行，如果可行的话，他们会在适当的时候安排专家主持的会谈。

在阿拉伯商界还有一个阶层，那就是代理商。无论谈判的对象是个人还是政府部门，其商业活动都必须通过阿拉伯代理商来开展。一个好的代理商对业务的开展十分关键，可以起到对接当地政府、安排劳务、回收货款和运输仓储服务的作用，当然也会从中收取佣金。另外，阿拉伯人对于合同的履行也较为不稳定，比如双方已签订好了合同，后来情况发生了变化，阿拉伯人想取消合同，就会名正言顺地说这是"神的意志"。在谈判中形势对外商有利时，他们却耸耸肩说"明天再谈吧"，等到明天一切都要重来。当外商因阿拉伯人的上述或其他不愉快的行为恼怒不已时，他们又会拍着外商的肩说"不要介意"。所以，与阿拉伯人做生意时，要记住配合对方悠闲的步伐，慢慢推进才是上策。

阿拉伯商人对于讨价还价也是情有独钟，无论大街小巷还是办公室里的正式谈判，讨价还价已经是阿拉伯商人生活中的一部分。因此，为了适应阿拉伯人还价的习惯，外商应建立起还价的意识，必须提前制订讨价还价的方案。

二、非洲

非洲除南非外，经济较为落后，很多国家缺乏基本的生活设施和道路交通。非洲人的工作效率很低，办事拖拖拉拉，时间观念很差。谈判时很少准时到会，即使到了也很少马上谈正事，往往要海阔天空地谈论一番。相对而言，整个非洲的文化素质较低，有些从事商务谈判的人员对业务并不熟悉，因此在洽谈时，应把所有问题乃至各个问题的细节都以书面形式确定，以免日后产生误解或发生纠纷。

（一）非洲各部落的内部，具有浓厚的大家庭色彩

非洲人普遍认为有钱的人帮助无钱的人是天经地义的，因此，只要他们拿到工资，他们的亲戚会一拥而上，分个精光。这种风俗造成极少有人积极谋职，也造成了工作中效率不高，办事拖拖拉拉、无时间概念。在谈判中，他们很少能准时到会，即使到了，首先是天南地北地乱说一通，很少有谦虚礼让、情感沟通，也没有太多的文化交流。

（二）非洲人的权力意识非常强烈

每一个拥有权力的人，哪怕是权力极小，都会利用这种权力索取财物。在验护照时，如果不夹点钞票，便无法顺利通行；在预订房间时，如果给服务员一些好处，便会订到可凭窗欣赏秀美景色的房间，否则只会得到临近电梯的房间。在去餐厅吃饭时，如果忘了给领班一些好处，便有可能被领到靠近厕所的桌子。因此，同非洲人洽谈生意时，为了避免行贿之嫌，可以根据他们的喜好，准备一些礼物。例如某推销员到非洲某国推销丝绸产品，在与此国一位采购员洽谈中，他了解到此采购员需要钱。于是在谈判中，同采购员秘密商量，以全价向他的公司提供丝绸产品，同时以销售额的一定比例作为采购员的回扣，交易很快就达成，之后双方都认为对方有诚意，于是生意越做越大。

（三）非洲有很多皮包公司

在非洲要避免和那些皮包公司做生意，这类公司为了拿到你提供的样品或者定金，满口答应所有条件，得手后便逃之夭夭。非洲国家法律不算健全，很难依靠法律追究他们的责任。

（四）礼仪和禁忌

非洲人崇尚丰盈，鄙视柳腰，因此，在非洲妇女面前，不要提瘦这个字。非洲人也习惯握手，但千万别伸出左手来握，否则会被认为是对对方的大不敬。在与非洲人谈判时，首先要尊重其礼仪风俗，不要嘲笑非洲的落后，维护非洲人的自尊心，通过平等交往不断增进友谊，为之后的谈判打下信任基础。在谈判时不要操之过急，尽量适应非洲人缓慢的生活节奏，使对方感到我方对其的尊重和关照，同时认真核对谈判涉及的金额、技术和支付方式等关键术语是否存在异议，避免今后的纠纷。

■ 案例阅读 10-5

巧妙的新商机

在阿拉伯国家，虔诚的伊斯兰教徒每天都要进行祈祷，无论居家、旅行，风雨无阻。伊斯兰教徒祈祷的一大特点是祈祷者一定要面向圣城麦加。然而，困扰伊斯兰教徒的问题在于当他们离家在外或在旅途中的时候，常常会辨别不清方向，为祈祷带来障碍。一个比利时地毯商发现了这个商机，他将小块的地毯进行了改造，制作出专门用于伊斯兰教徒祈祷的地毯，他聪明地将扁平的指南针嵌入祈祷地毯，指南针指的不是正南正北，而是麦加。这样，伊斯兰教徒不管走到哪里，只要把地毯往地上一铺，麦加方向顷刻之间便可准确地找到，为伊斯兰教徒提供了极大的便利。新产品一推出，在伊斯兰教徒居住的地方立即成了抢手货，这个比利时商人也因此赚了大钱。他成功的根本原因，就在于他提供了满足他人需要的产品。

参考文献

[1] 白远. 国际商务谈判：理论、案例分析与实践[M]. 北京：中国人民大学出版社，2002.

[2] 丁建忠. 商务谈判教学案例[M]. 北京：中国人民大学出版社，2005.

[3] 方其. 商务谈判：理论、技巧、案例[M]. 北京：中国人民大学出版社，2004.

[4] 龚荒. 商务谈判与沟通：理论、技巧、实务[M]. 北京：人民邮电出版社，2014.

[5] 刘园，王倩，王妍等. 国际商务谈判，第4版[M]. 北京：对外经济贸易大学出版社，2012.

[6] 汤秀莲，王威. 国际商务谈判[M]. 北京：清华大学出版社，2009.

[7] 袁其刚. 国际商务谈判，（第2版）[M]. 北京：高等教育出版社，2014.